동인랑

여러분의 외국어 학습에는 언제나 (주)동양박스가 성실한 동반자가 되어줄 것입니다.

여행을 떠나기 앞서...

우리말 발음이 함께 있는 아주 쉬운 여행 태국어 !

큰 맘 먹고 떠나는 태국여행!
낯선 나라에 대한 호기심과 즐거움 보다는 덜컥
겁부터 먼저 나지는 않나요? 게다가 **얼마예요?,이건
뭐예요?,** 더 주세요와 같은 간단한 말을 못해 소중한
나의 첫 해외여행이 엉망이 되지는 않을지 걱정되지는
않나요? 갑자기 아프기라도 한다면...

이렇게 많은 걱정거리를 없앨 수 있는 가장 간단한 방법은
그 나라의 말을 할 수 있으면 됩니다. 하지만 얼마 남지 않은
해외여행! 아무리 학원을 다니고 공부를 한다 해도 한마디 말도
할 수 없는 것이 뼈아픈 현실! 이렇듯 시간은 없어도 보람찬 태국
여행을 원하는 여러분을 위해 우리말발음이 함께 있는 **왕초짜
여행 태국어**를 준비했습니다.

이 책은 **처음 태국 여행**을 떠나는 분들을 위해 정성들여 만든
여러분의 파트너이자 여행길의 벗입니다.

이 책을 보면서 자신 있게 도전해 보세요! 그러면 낯선 곳에 대한
불안감은 사라지고 생각지 않은 즐거움과 기쁨을 두 배로 느낄 수
있습니다.

끝으로, 이 책에 사용된 태국어 문장은 원만한 의사소통을 위해 뜻이
통하는 한도 내에서 가능한 짧은 문장위주로 실었습니다.

즐겁고 보람찬 여행 되세요!

이 책의 특징

1 처음 태국여행을 떠나는 분들을 위한 왕초짜 여행 태국어
태국여행에 많은 경험과 노하우를 가진 선배 여행자들이 왕초짜
여행자들에게 필요한 문장들만 콕콕 찍어 만든 필수 여행 회화서이다.
처음으로 태국여행을 떠나는 분들의 두려움은 반으로 줄고, 즐거움은
두 배가 되도록 알차게 만들었다.

2 해외여행시 꼭 필요한 문장들만 수록 - 우리말발음이 있어 편리
여행에 꼭 필요한 문장들만 콕콕 찍어 수록하였다. 현지인이 알아들을
수 있는 한도 내에서 가능한 짧은 문장들로 구성한 살아있는 문장들이다.
또한 우리말 발음이 함께 적혀있어 자신 있게 말할 수 있다.

3 상황에 따라 쉽게 골라 쓰는 여행 태국어 회화
여행에서 얻은 다양한 경험을 살려 마주칠 수 있는 상황들을 장면별로
나누고, 바로 바로 찾아 쓰기 쉽게 검색기능을 강화하였다.
태국어 회화에 자신이 없다면 검색해서 손가락으로 문장을 가리키기만
해도 뜻이 통한다.

4 도움되는 활용어휘, 한국어-태국어 단어장
상황별로 도움이 되는 단어들을 모아 정리해 놓았으므로, 완전한
문장은 아니더라도 긴급한 상황에 쓰기에 아주 유용하다. 또한,
한국어-태국어 단어장이 가나다순으로 뒷편 부록에 실려 있어, 이
부분만 따로 분리해 휴대하여 가지고 다녀도 안심!

5 휴대하기 편한 포켓사이즈
여행시에는 작은 물건이라도 짐이 되는 경우가 많다. 이 책은 휴대하기
편한 포켓사이즈라 짐도 되지 않고, 주머니 속에 쏙 들어가므로
휴대하기 편하다.

여흥

 전화

  긴급

 부록

알아둡시다

해외여행을 가고자 하는 국가에 대한 기초적인 정보를 미리 알고, 여행 목적에 알맞게 준비를 하면 보람 있고 여유 있는 여행을 즐길 수 있다. 여행을 떠나기 전 기초적인 준비사항을 알아보자.

🙂 여권

해외 여행을 하는 사람을 위해 정부가 발행하는 공식 신분증명서이다. 소지한 사람의 사진과 서명, 이름, 생년월일, 국적 등 신분에 관한 사항을 증명하는 가장 대표적인 여행증명서이다. 여권은 일반 여권(녹색), 거주 여권(녹색), 공무원 등을 위한 관용 여권(황갈색), 외교관을 위한 외교 여권(남색)이 있다. 일반 여권은 단수 여권과 복수 여권으로 나뉜다. 또한 일반 여권은 주민등록지에 상관없이 모든 구청과 광역시청, 도청 등에서 신청할 수 있다. 국제민간항공기구(ICAO)의 권고에 의해 2008년 8월부터는 신원 정보 면의 내용을 칩에 한번 더 넣어 보안성을 강화한 전자여권을 도입하였다.

🙂 비자

태국은 관광 목적 입국 시 90일 무비자 입국이 가능하다.

🙂 환전

출국하기 전에 미리 은행이나 공항의 환전소에서 태국화폐인 밧타이로 바꾸는게 좋다. 분실 시 안전하고 수수료도 현금보다 유리한 여행자 수표를 준비하는 것도 좋지만 태국에서 잘 통용되지는 않는다. 1000밧, 500밧, 100밧, 20밧 화폐를 골고루 준비해가는 것이 사용하기 편리하다.

신용카드

Visa비자, Master마스터 등의 국제카드는 태국에서도 사용할 수 있으며 여행기간과 은행 결제일이 겹치는 경우는 미리 사용한 대금을 예금하고 떠나도록 한다. 태국은 한국에 비해 신용거래가 익숙하지 않아 호텔이나 백화점, 큰 음식점에서만 사용이 가능하며 현금을 우선시 하므로 유의한다.

항공권

여행사에서 단체로 가는 경우에는 문제가 없으나, 개인 출발이라면 출발 전에 반드시 예약을 재확인하도록 한다.

국제운전면허증

태국에서 직접 운전할 기회가 많지는 않지만 필요한 경우 경찰서나 운전면허 시험장에 신청하여 구비한다. 방콕의 경우, 교통체증이 심하므로 가능한 대중교통 이용을 권장한다.

국제학생증

태국에서는 국제학생증 할인을 받을 기회가 미미하지만 필요한 경우 국내에서 국제학생증을 미리 발급받아 가도록 한다. 온오프라인으로 ISIC 카드 또는 ISEC 카드를 발급 가능하며 구비 서류는 본인의 사진과 학생 증명 서류이다.

해외여행보험

여행자의 필요에 따라 만약의 사태에 대비해서 해외여행 보험에 들어두는 것이 좋다.

준비물

아래의 체크 리스트는 해외여행 시 필요한 일반적인 준비물이다. 각자의 상황에 맞게 참고하여 빠진 것 없이 꼼꼼히 준비하도록 하자.비자없이 90일간 여행목적의 태국 체류가 가능하다.

	품 목	Y	N
필수품 귀중품	**여권**6개월이상 남은 유효기간	☐	☐
	• **현금** 현지화폐	☐	☐
	• **신용카드**	☐	☐
	• **항공권**	☐	☐
	• **비상약품**	☐	☐

※ 위의 서류들은 꼭 별도로 번호와 발행처를 메모하거나 복사해 둔다.

※ 외국인의 태국 병원 방문 시 의료비가 비싸므로 비상약품은 꼭 준비하고 해외 여행자 보험에 미리 가입해 두는 것이 좋다.

선택	품 목	Y	N
	• 유스호스텔 회원증	☐	☐
	• 국제 운전 면허증	☐	☐
	• 국제 학생증	☐	☐
	• 증명사진 2매	☐	☐
	• 타월, 칫솔, 치약, 빗, 면도기	☐	☐
	• 시계, 멀티콘센트	☐	☐
	• 화장품, 생리용품	☐	☐
	• 옷, 신발, 우산, 선글라스	☐	☐
	• 카메라, 충전기	☐	☐
	• 여행안내 책자, 지도	☐	☐
	• 바느질용품, 계산기	☐	☐
	• 멀티콘센트, 보조배터리	☐	☐
	• 김, 김치, 고추장	☐	☐
	• 필기도구, 메모지	☐	☐

※ 1회용품칫솔, 치약, 면도기 등은 숙소에 따라 제공되지 않을 수 있으므로 준비해 간다.

※ 증명사진은 여권 재발급시 필요하다.

※ 장기간 여행객이라면 밑반찬을 밀봉된 병이나 팩에 넣어서 휴대한다. 대형 마트나 한인타운에서 한국 식품 구입이 가능하지만 한국보다는 가격대가 높다.

태국에 대해

인도차이나 반도 중앙부에 위치한 자유의 나라 태국! 전세계 관광객이 즐겨 찾는 태국은 미얀마, 라오스, 캄보디아, 말레이시아와 국경을 접하고 있고 서쪽으로는 안다만 해, 동쪽으로는 타이 만이 있어 관광자원이 풍부하다. 태국은 크게 중부, 동부, 북동부, 북부, 남부 지방으로 나눠진다. 국왕이 통치하고 있으며 불교 문화권에 속해 있다는 것이 특징이다.

국 명	**ประเทศไทย** 쁘라텟타이 타이왕국
수 도	**กรุงเทพมหานคร** 끄룽텝마하나컨 방콕
면 적	51.4만㎢ 한반도의 2.3배
인 구	65,124,716 명(2014) - 방콕 인구는 약 828만(2010)
언 어	**ภาษาไทย** 파싸타이 태국어
종 교	불교 불교 95%, 그 외 이슬람교, 기독교, 천주교 등
나라형태	왕국
시 차	한국시간 - 2시간

기후와 계절

태국은 열대몬순기후로 11월부터 3월까지가 건기, 6월부터 10월까지가 우기, 3월부터 6월까지는 열대 기후이다. 일년중 제일 더운 달은 4월이다. 연평균 기온은 28도이며, 남쪽으로 갈수록 더워지고 북쪽으로 갈수록 추워진다.
한국보다 더운 날씨의 태국은 어딜 가든 실내에서 에어컨을 세게 가동하니 가디건 등 얇은 겉옷을 꼭 준비하도록 한다.

🎐 언어

태국은 태국어를 사용한다. 중부 지방을 중심으로 사용하는 중부어를 표준어로 사용하고 있으며 각 지방마다 사투리가 존재한다.

🎐 매너와 관습

태국에는 **ใจเย็น**짜이옌이라는 말이 있다. 침착해, 진정해라는 뜻의 말인데 태국인들은 서두르지 않고 느긋한 성격으로 격한 감정을 잘 드러내지 않는다. 공공장소에서 또는 태국인과 대화할 때 큰 목소리로 말하거나 격한 감정을 드러내지 않도록 한다. 특히 남들 앞에서 자존심을 상하게 하거나 약점을 들추지 않는 것이 좋다.

🎐 팁

태국에서 팁 제도는 원칙적으로 도입되어 있지 않다. 하지만 호텔이나 마사지 샵 등에서는 팁을 지불하며, 식당이나 택시 이용 시 거스름돈으로 받은 동전은 대개 팁으로 지불하는 편이다.

🎐 전압주파수

220V, 주파수는 50Hz. 한국 전자기기를 사용하는 데 문제가 없다. 멀티콘센트가 필요한 경우, 숙소에 요청하거나 가까운 편의점에서 구입 가능하다.

🎐 전화

공중전화나 호텔, 게스트하우스에 비치된 전화기를 사용할 수 있다. 혹은 방콕 공항에서 태국 심카드를 구입하여 스마트폰 무료 전화 어플을 이용할 수 있다. 우리나라 돈 약 1만원에 일주일 간 무료 데이터 이용이 가능하다.

🎎 공휴일

★ 신정 **วันขึ้นปีใหม่**   1월 1일

★ 만불절 **วันมาฆบูชา** 태국 음력 3월 15일 부처가 제자들에게 설법을 전파한 날

★ 짝끄리 왕조 창건일 **วันจักรี**   4월 6일

★ 쏭끄란 **วันสงกรานต์**   4월 13일~4월 15일 우리의 설날

★ 노동절 **วันแรงงานแห่งชาติ**   5월 1일

★ 국왕 대관식일 **วันฉัตรมงคล**   5월 5일 현 푸미폰 국왕 즉위 기념일

★ 권농일 **วันพืชมงคล**   5월 13일

★ 석가탄신일 **วันวิสาขบูชา**   태국 음력 6월 15일

★ 석가모니 최초 설법 기념일 **วันอาสาฬหบูชา** 태국 음력 8월 15일

★ 입안거일 **วันเข้าพรรษา**   태국 음력 8월 16일

★ 어머니날 **วันวันแม่แห่งชาติ**   8월 12일 왕비탄신일

★ 현충일 **วันปิยมหาราช**   10월 23일 쭐라롱껀 대왕 서거일

★ 아버지의 날 **วันพ่อแห่งชาติ**   12월 5일 국왕탄신일

★ 제헌절 **วันพระราชทานรัฐธรรมนูญ**   12월 10일

★ 연말 **วันสิ้นปี**   12월 31일

긴급상황

😃 여권분실

1. 관할 경찰서 또는 관광경찰서에 여권 분실 신고를 하고 분실신고서를 발급 받는다.
2. 분실신고서와 수수료 280바트, 예약된 항공권 사본을 구비하여 태국의 대사관 영사과 ☎ (662)247-7540~41를 방문한다.
   - 사진 촬영은 영사과 내 즉석 사진 촬영기에서 가능 (요금 100바트)
   - 여권발급 신청서와 여권재발급 사유서, 여권분실 신고서, 여권관련확인서 신청서 작성
   - 분실한 여권사본이나 주민등록증 등의 신분증이 있는 경우에는 지참하면 좋다.
   - 일반적으로 신청한 날로부터 약 1일 소요
3. 대사관에서 발급한 여행증명서와 경찰분실신고서 원본을 가지고 태국이민국을 방문한다.
   - 태국 이민국은 버스나 지하철로 연결되어 있지 않기 때문에 택시를 이용하는 것이 편리
4. 태국이민국 떠머에서 입국기록을 확인 받고, 공항에서 출국하면 된다.

😃 신용카드분실

분실 사고시 즉시 한국의 해당 카드회사에 카드번호와 유효 기간을 알린 후 분실처리를 요청한다. 동시에 현지 관할 경찰서에서 분실증명서를 발급받는다.

★ 분실신고 연락처_서울

비씨카드	82-2-330-5701	삼성카드	82-2-2000-8100
신한카드	82-1544-7000	씨티카드	82-2-2004-1004
우리카드	82-2-2169-5001	하나카드	82-2-3489-1000
현대카드	82-2-3015-9000	국민카드	82-2-6300-7300
농협카드	82-2-6942-6478	롯데카드	82-2-2280-2400

🙂 항공권 분실

항공권을 예매하면 자동적으로 항공사 시스템에 본인의 예약정보가 입력되어 여권만 가지고 가더라도 수속이 가능하다. 하지만 만일의 상황을 대비해 미리 전자항공권을 출력해 놓거나 휴대폰, 태블릿 기기 등에 항공권을 캡쳐해 두도록 하자.

🙂 치안

태국은 동남아 다른 국가와 비교하였을 때 치안이 양호한 편이나 밤늦은 시간에 혼자 다니지는 않도록 한다.

★ 여행하는 동안은 분실할 경우 곤란한 여권·현금·항공권 등을 항상 몸에 지니거나 안전한 호텔 보관함에 맡긴다. 특히 여행자버스로 도시 간 이동 시 도난사고가 빈번하므로 귀중품을 몸에 꼭 지니도록 한다.

★ 관광명소나 시내버스 안, 쇼핑가 등의 복잡한 곳에서는 소매치기와 도둑을 경계해야 한다. 고가품을 넣은 가방을 열어두어 도둑의 표적이 되지 않도록 한다.

★ 여행 중 귀중품은 특별히 필요한 경우가 많지 않으므로 되도록 가져 가지 않는 것이 좋다.

★ 낯선 사람이 권하는 술이나 음료는 먹지 않는다.

🙂 해외여행보험

해외여행 도중 불의의 사고로 인한 피해를 미리 대비한 해외 여행보험에는 상해보험과 질병보험, 항공기 납치, 도난보상보험 등이 있다. 보험 가입은 개인의 경우, 각 공항에서 비행기탑승 전에 가입하면 되고 여행사에서 취급하는 해외여행 상품을 이용할 경우는 대부분이 보험료가 포함되어 있으므로 별도로 가입할 필요는 없다.

기본표현

인사

สวัสดี 싸왓디는 처음 만나거나 알고 지내는 사람에게 할 수 있는 인사말로 대답 또한 สวัสดี 싸왓디이다. 처음 보는 사람이나 윗사람에게 말할 때에는 문장 끝에 남자는 ครับ 크랍, 여자는 ค่ะ 카 평서문나 คะ 카 의문문 를 붙여 정중히 말해야 한다.

안녕!	싸왓디 สวัสดี
안녕하세요.	싸왓디 크랍 / 싸왓디 카 สวัสดีครับ / สวัสดีค่ะ
오래간만입니다.	마이 다이 폽 깐 난 ไม่ได้พบกันนาน
요즘 어떠십니까?	추엉 니 뻰 양라이 방 ช่วงนี้เป็นอย่างไรบ้าง
좋습니다.	싸바이 디 สบายดี
좋지 않습니다.	마이 커이 디 타오라이 ไม่ค่อยดีเท่าไหร่
건강은 어떠십니까?	쑥카팝 뻰 양라이 방 สุขภาพเป็นอย่างไรบ้าง
건강합니다. 고맙습니다.	쑥카팝 디 컵쿤 สุขภาพดี ขอบคุณ
건강 잘 챙기십시오.	두래 뚜어엥 두어이 ดูแลตัวเองด้วย
사업은 잘 되십니까?	투라낏 컹 쿤 뻰 양라이 방 ธุรกิจของคุณเป็นอย่างไรบ้าง

처음 만난 사람끼리는 **안녕하세요, 처음 뵙겠습니다**라고 인사한다. 초면의 태국인과 자연스럽게 인사를 나눌 수 있도록 기본표현들을 잘 알아두자! 참고로 남자는 ผม^폼, 여자는 ดิฉัน^{디챤}, ฉัน^챤 이라고 자신을 칭한다.

첫만남

처음 뵙겠습니다.	인디 티 다이 루짝 **ยินดีที่ได้รู้จัก**	**기본** **표현**
(남) 저는 최민호입니다.	폼 츠 민호 최 **ผมชื่อมินโฮชเว**	인사
(여) 저는 이현지입니다.	디찬 츠 현지 리 **ดิฉันชื่อฮยอนจีลี**	첫만남 대답
만나서 반갑습니다.	인디 티 다이 루짝 **ยินดีที่ได้รู้จัก**	감사 사과
잘 부탁드립니다.	커 퐉 느어 퐉 뚜어 두어이 **ขอฝากเนื้อฝากตัวด้วย**	감정 허락 금지
당신은 어느 나라 사람입니까?	쿤 뻰 콘 쁘라텟 아라이 **คุณเป็นคนประเทศอะไร**	축하 기원
당신은 중국사람입니까?	쿤 뻰 콘찐 르 **คุณเป็นคนจีนหรือ**	질문 가격
맞습니다. / 아닙니다.	차이 / 마이차이 **ใช่ / ไม่ใช่**	숫자 시간/때
나는 한국인입니다.	폼/디찬 뻰 콘 까올리 **ผม/ดิฉันเป็นคนเกาหลี**	월/일 요일 계절
당신의 성함은 무엇입니까?	쿤 츠 아라이 **คุณชื่ออะไร**	가족 색깔 방향 인칭 대명사

대답
긍정/부정

질문에 대해 간단히 답할 수 있는 여러 가지 표현들을 알아보자. 이들만으로도 자기 의사를 정확히 표현할 수 있다.

네.	크랍/카 **ครับ/ค่ะ**
아니오.	마이 **ไม่**
있습니다.	미 **มี**
없습니다.	마이 미 **ไม่มี**
맞습니다.	차이 **ใช่**
틀립니다.	마이 차이 **ไม่ใช่**
계십니다.	유 **อยู่**
안 계십니다.	마이 유 **ไม่อยู่**
알겠습니다.	카오짜이 래우 **เข้าใจแล้ว**
모릅니다.	마이 쌉 **ไม่ทราบ**

태국인은 한국인보다 감사와 사과의 표현을
더 자주 사용한다. 누군가에게 도움을
받을 때 감사 인사를 하지 않거나, 길에서
부딪혔을 때 사과를 하지 않으면 매우 무례한
것으로 보이니 조심하자.

감사
사과

고맙습니다.	컵쿤 **ขอบคุณ**
정말 감사합니다.	컵쿤 찡찡 **ขอบคุณจริงๆ**
도와주셔서 감사합니다.	컵쿤 티 추어이 르어 **ขอบคุณที่ช่วยเหลือ**
별 말씀을요.	마이 뻰 라이 **ไม่เป็นไร**
도움이 되어 기쁩니다.	인 디 **ยินดี**
폐를 끼치는 것 같습니다.	루쓱 끄렝짜이 **รู้สึกเกรงใจ**
어려워 마세요.	마이 떵 끄렝짜이 **ไม่ต้องเกรงใจ**
죄송합니다.	커톳 **ขอโทษ**
매우 죄송합니다.	커톳 찡찡 **ขอโทษจริงๆ**
괜찮습니다.	마이 뻰 라이 **ไม่เป็นไร**

감정을 전달할 수 있는 표현들을 간단히 배워보도록 하자.

감정

정말 대단하시군요.	껭 막 **เก่งมาก**
친절하시군요.	짜이 디 **ใจดี**
나쁘시군요.	짜이 라이 **ใจร้าย**
몹시 기쁩니다.	디짜이 막 **ดีใจมาก**
매우 슬픕니다.	씨야짜이 막 **เสียใจมาก**
흥분됩니다, 긴장됩니다.	뜬뗀 **ตื่นเต้น**
부끄럽습니다.	아이 **อาย**
아쉽습니다.	씨야다이 **เสียดาย**
외롭습니다.	응아오 **เหงา**
마음이 피로합니다.	느어이,짜이 **เหนื่อยใจ**

초보여행자도 한번에 찾는다

상대방의 동의를 구하거나 허가를 얻으려 할 때 쓰는 기본표현은 **ได้ไหม**^{다이 마이} **~해도 됩니까?**이다. 금지나 불가를 나타낼 때는 아래와 같이 다양한 표현이 있다.

허락
금지

가능합니다.	^{다이} **ได้**
문제없습니다.	^{마이 미 빤하} **ไม่มีปัญหา**
도와주시겠습니까?	^{추어이 너이 다이 마이} **ช่วยหน่อยได้ไหม**
네, 그러겠습니다.	^{다이} **ได้**
죄송합니다, 도와드릴 수가 없군요.	^{커톳, 추어이 마이 다이} **ขอโทษ ช่วยไม่ได้**
편한 대로 하십시오.	^{땀 싸바이} **ตามสบาย**
실례합니다, 죄송합니다.	^{커톳} **ขอโทษ**
담배를 피워도 괜찮습니까?	^{폼/디찬 커 쑵 부리 다이 마이} **ผม/ดิฉันขอสูบบุหรี่ได้ไหม**
안됩니다.	^{마이 다이} **ไม่ได้**
여기선 금연입니다.	^{티니 함 쑵 부리} **ที่นี่ห้ามสูบบุหรี่**

축하 기원

생일이나 기타 경축일 등을 축하할 때, **สุขสันต์** ^{쑥싼} 을 사용하여 상황에 어울리는 표현을 적절히 사용해 준다.

생일 축하합니다.	^{쑥싼 완 끋} สุขสันต์วันเกิด
새해 복 많이 받으세요.	^{쑥싼 완 삐 마이} สุขสันต์วันปีใหม่
행복한 쏭끄란 되세요!	^{쑥싼 완 쏭끄란} สุขสันต์วันสงกรานต์
행복한 러이끄라통 되세요!	^{쑥싼 완 러이끄라통} สุขสันต์วันลอยกระทง
메리 크리스마스!	^{쑥싼 완 크릿맛} สุขสันต์วันคริสต์มาส
행복하시길 바랍시다.	^{커 하이 미 쾀쑥} ขอให้มีความสุข
행운이 있으시길 바랍니다.	^{커 하이 쿤 촉 디} ขอให้คุณโชคดี
건강하시길 바랍니다.	^{커 하이 미 쑥카팝 캥랭} ขอให้มีสุขภาพแข็งแรง
잘 다녀오세요.	^{든탕 도이 싸왓디팝} เดินทางโดยสวัสดิภาพ
즐거운 여행이 되십시오.	^{티여우 하이 싸눅} เที่ยวให้สนุก

모르는 사람에게 질문을 하거나 어떤 알지
못하는 사실에 대해 묻고자 할 때는 **ขอโทษ**
커톳 **실례합니다.**라는 말을 먼저 하여 예의를
갖추어 말한다.

질 문

그는 누구입니까?	카오 뻰 크라이 **เขาเป็นใคร**
우리는 어디로 갑니까?	라오 빠이 나이 **เราไปไหน**
무엇을 드시고 싶습니까?	약 낀 아라이 **อยากกินอะไร**
몇 시입니까?	떤니 끼 몽 **ตอนนี้กี่โมง**
어디에 묵고 계십니까?	팍 티 나이 **พักที่ไหน**
왜요?	탐마이 **ทำไม**
몇 살입니까?	아유 타오라이 **อายุเท่าไหร่**
얼마입니까?	라카 타오라이 **ราคาเท่าไหร่**
어떻게 갑니까?	빠이 양라이 **ไปอย่างไร**
여기는 어디입니까?	티니 티나이 **ที่นี่ที่ไหน**

가격

백화점, 마트, 편의점, 시장 등지에서는 정찰제를 실시하고 있으나, 시장 또는 길거리의 외국인들이 많이 가는 상점에는 어느 정도의 할인이 가능한 곳도 있다.

얼마입니까?	라카 타오라이 **ราคาเท่าไหร่**
모두 얼마입니까?	탕못 라카 타오라이 **ทั้งหมดราคาเท่าไหร่**
비쌉니다.	팽 **แพง**
쌉니다.	툭 **ถูก**
가격이 틀립니다.	라카 마이 툭떵 **ราคาไม่ถูกต้อง**
할인해 주실 수 있습니까?	롯 라카 하이 너이 다이마이 **ลดราคาให้หน่อยได้ไหม**
거스름돈을 주십시오.	커 응언턴 **ขอเงินทอน**
거스름돈을 아직 못 받았습니다.	양 마이 다이 랍 응언턴 **ยังไม่ได้รับเงินทอน**
영수증을 주십시오.	커 바이쎗 **ขอใบเสร็จ**
계산해 주십시오.	첵 빈 **เช็คบิล**

숫자를 읽을 때는 우리말의 **일, 이, 삼, 사**…와 같다. 태국은 아라비아 숫자와 고유숫자를 혼용하여 사용한다. 10이상의 숫자에서 1이 일의 자리의 숫자가 될 경우 엣, 2가 십의 자리의 수가 될 경우 이(yi)으로 발음하니 주의하도록 하자.

숫자

0, 영	쑨 ๐ 쑨닏	100	능 러이 หนึ่งร้อย
1, 일	능 ๑ 능	1,000	능 판 หนึ่งพัน
2, 이	썽 ๒ 썽	10,000	능 믄 หนึ่งหมื่น
3, 삼	쌈 ๓ 쌈	100,000	능 쌘 หนึ่งแสน
4, 사	씨 ๔ 씨	1,000,000	능 란 หนึ่งล้าน
5, 오	하 ๕ 하		
6, 육	혹 ๖ 혹	107	능러이 쩻 หนึ่งร้อยเจ็ด
7, 칠	쩻 ๗ 쩻	1,250	능판 썽러이 하씹 หนึ่งพันสองร้อยห้าสิบ
8, 팔	뺏 ๘ 뺏	86,009	뺏믄 혹판 까오 แปดหมื่นหกพันเก้า
9, 구	까오 ๙ 까오		
10, 십	씹 ๑๐ 씹	한 사람	능 콘 หนึ่งคน
11, 십일	씹엣 씹ㄴ엣	두 사람	썽 콘 สองคน
20, 이십	이씹 이씹	세 사람	쌈 콘 สามคน

시간
때

연도를 나타낼 때는 **ปี** ⁰삐, 달을 나타낼 때는 **เดือน** 드언, 주를 나타낼 때는 **อาทิตย์** 아팃, 날을 나타낼 때는 **วัน** 완을 쓴다.

작년	삐 티 래우 **ปีที่แล้ว**	지난 달	드언 티 래우 **เดือนที่แล้ว**
올해	삐 니 **ปีนี้**	이번 달	드언 니 **เดือนนี้**
내년	삐 나 **ปีหน้า**	다음 달	드언 나 **เดือนหน้า**

지난 주	아팃 티 래우 **อาทิตย์ที่แล้ว**	어제	므어완 **เมื่อวาน**
이번 주	아팃 니 **อาทิตย์นี้**	오늘	완니 **วันนี้**
다음 주	아팃 나 **อาทิตย์หน้า**	내일	프룽니 **พรุ่งนี้**

아침	차오 **เช้า**	저녁	옌 **เย็น**
낮	끌랑 완 **กลางวัน**	밤	끌랑 큰 **กลางคืน**

초보여행자도 한번에 찾는다

날짜를 읽을 때는 일, 월, 년 순으로 읽어준다.
날짜는 1~31까지의 **วันที่**완티 + 숫자,
1월~12월까지는 **เดือน** 드언 + **각 월 태국어 단어**
또는 **เดือนที่**드언 티 + **숫자**로 읽으면 된다.

시간
월/일

1월	마까라콤, 목까라콤 **มกราคม**	하루	능 완 **หนึ่งวัน**
2월	꿈파판 **กุมภาพันธ์**	이틀	썽 완 **สองวัน**
3월	미나콤 **มีนาคม**	사흘	쌈 완 **สามวัน**
4월	메싸욘 **เมษายน**	나흘	씨 완 **สี่วัน**
5월	프룻싸파콤 **พฤษภาคม**	닷새	하 완 **ห้าวัน**
6월	미투나욘 **มิถุนายน**	엿새	혹 완 **หกวัน**
7월	까라까다콤 **กรกฎาคม**	이레	쩻 완 **เจ็ดวัน**
8월	씽하콤 **สิงหาคม**	여드레	뺏 완 **แปดวัน**
9월	깐야욘 **กันยายน**	아흐레	까오 완 **เก้าวัน**
10월	뚜라콤 **ตุลาคม**	열흘	씹 완 **สิบวัน**
11월	프르싸찌까욘 **พฤศจิกายน**	열하루	씹엣 완 **สิบเอ็ดวัน**
12월	탄와콤 **ธันวาคม**	이십일	이씹 완 **ยี่สิบวัน**
2016년 8월 15일 완티 씹하 드언 씽하콤 삐 썽판씹훅 **วันที่ 15 เดือน สิงหาคม ปี 2016**		이십사일	이씹씨 완 **ยี่สิบสี่วัน**

기본
표현

인사
첫만남
대답
감사
사과
감정
허락
금지
축하
기원
질문
가격
숫자
시간/때
월/일
요일
계절
가족
색깔
방향
인칭
대명사

날짜와 요일을 함께 말할 때에는 요일, 날짜, 월, 년 순으로 표현한다.

일요일	완 아팃 **วันอาทิตย์**
월요일	완 짠 **วันจันทร์**
화요일	완 앙칸 **วันอังคาร**
수요일	완 풋 **วันพุธ**
목요일	완 파르핫싸버디 / 완 파르핫 **วันพฤหัสบดี / วันพฤหัสฯ**
금요일	완 쑥 **วันศุกร์**
토요일	완 싸오 **วันเสาร์**
봄	르두 바이 마이 플리 **ฤดูใบไม้ผลิ**
여름	르두 런 **ฤดูร้อน**
가을	르두 바이 마이 루엉 **ฤดูใบไม้ร่วง**
겨울	르두 나우 **ฤดูหนาว**

가족 구성원을 나타내는 단어는 다음과 같으며,
웃어른에게는 호칭 또는 이름 앞에 사용하여 존칭을
나타내는 **คุณ** 쿤을 붙여 공손히 불러야 한다.

가족

할아버지	뿌 **ปู่**	할머니	야 **ย่า**
외할아버지	따 **ตา**	외할머니	야이 **ยาย**
아버지	퍼 **พ่อ**	어머니	매 **แม่**
남편	싸미 **สามี**	아내	판라야, 판야 **ภรรยา**
숙부, 고모	아 **อา**	백부	룽 **ลุง**
고모, 백모, 큰 이모, 외숙모	빠 **ป้า**	작은 이모, 작은 외삼촌	나 **น้า**
형, 오빠	피차이 **พี่ชาย**	누나, 언니	피싸우 **พี่สาว**
남동생	넝차이 **น้องชาย**	여동생	넝싸우 **น้องสาว**
아들	룩차이 **ลูกชาย**	딸	룩싸우 **ลูกสาว**
사촌 형제 자매	룩피룩넝 **ลูกพี่ลูกน้อง**	손자, 손녀, 조카	란 **หลาน**

색깔 방향

사물이나 장소의 방향·위치를 나타낼 때는 방향 앞에 **~쪽, 방향**이란 뜻의 접두사 **ข้าง** 캉, **ทิศ** 팃, **ทาง** 탕을 붙여 방향을 나타낸다.

색깔	^씨 **สี**	동쪽	^{팃 따완 억} **ทิศตะวันออก**
빨간색	^{씨 댕} **สีแดง**	서쪽	^{팃 따완 똑} **ทิศตะวันตก**
하늘색	^{씨 퐈} **สีฟ้า**	남쪽	^{팃 따이} **ทิศใต้**
노랑색	^{씨 르엉} **สีเหลือง**	북쪽	^{팃 느어} **ทิศเหนือ**
초록색	^{씨 키여우} **สีเขียว**	위쪽	^{캉 본} **ข้างบน**
주황색	^{씨 쏨} **สีส้ม**	아래쪽	^{캉 랑} **ข้างล่าง**
검정색	^{씨 담} **สีดำ**	왼쪽	^{캉 싸이} **ข้างซ้าย**
하얀색	^{씨 카오} **สีเขา**	오른쪽	^{캉 콰} **ข้างขวา**
금색	^{씨 텅} **สีทอง**	앞	^{캉 나} **ข้างหน้า**
은색	^{씨 응언} **สีเงิน**	뒤	^{캉 랑} **ข้างหลัง**
회색	^{씨 타오} **สีเทา**	이쪽	^{탕 니} **ทางนี้**

사람을 대신해서 가리키는 말을 인칭 대명사라고 한다. 우리들, 그들, 그녀들 등 여러 대상을 가리킬 때에 사용하는 접두사 **พวก** ᵖᵘᵉᵏ 푸억이 있으나 구어체에서는 보통 단수형을 사용한다.

인칭
대명사

	단 수		복 수	
제1인칭	^{폼/디찬} **ผม/ดิฉัน**	나, 저	^{라오} **เรา**	우리
제2인칭	^쿤 **คุณ**	너, 당신	^{푸억 라오} **พวกเรา**	우리들
제3인칭	^{카오} **เขา**	그	^{푸억 카오} **พวกเขา**	그들
	^{트(터)} **เธอ**	그녀	^{푸억 터(트터)} **พวกเธอ**	그녀들

기본
표현

인사
첫만남
대답
감사
사과
감정
허락
금지
축하
기원
질문
가격
숫자
시간/때
월/일
요일
계절
가족
색깔
방향
인칭
대명사

출국

🔍 출국순서(공항)

터미널 도착	여객터미널 3층으로 와서 가까운 출입구 (1~14번)로 들어간다.

▼

탑승수속 및 수하물 위탁	여권, 항공권을 가지고 해당 항공사 데스크로 간다. 수하물이 있으면 위탁하고 **Claim Tag수하물표**과 **Boarding pass 탑승권**를 받는다.

▼

세관신고	귀중품과 고가품은 반드시 세관에 신고하고 휴대품 반출 확인서를 받아야 귀국 시 세금을 면제받는다.

▼

보안검색	탑승 수속 및 각종신고 완료 후 보안검색을 받아야 한다. 수하물과 몸에 X선을 비춰 금속류와 흉기를 검사한다.

▼

출국심사	여권과 탑승권을 제시한다. 여권에 출국확인을 받고 돌려 받은 후 출국 심사대를 통과한다.

▼

탑승대기	**Duty free shop 면세점**을 이용할 수 있고 출발 30분 전까지 해당 **Gate 탑승구** 앞으로 가서 기다리면 된다.

😊 액체 · 젤류의 휴대반입 제한

액체 · 젤류의 휴대반입 가능물품 안내
※ 아래 조건을 모두 만족해야 함.

- 내용물 용량 한도: 용기 1개당 100㎖ 이하, 총량 1ℓ
- 휴대 기내반입 조건
  ▶ 1ℓ 규격의 투명 지퍼락 Zipper lock
    비닐봉투 안에 용기 보관
  ▶ 투명지퍼락 봉투크기: 약20cm × 약20cm
    에 담겨 지퍼가 잠겨있어야 함
  ▶ 승객 1인당 1ℓ 이하의 투명 지퍼락
    봉투는 1개만 허용
  ▶ 보안검색대에서 X-ray 검색을 실시

★반입가능

| 45㎖ 용기의
헤어 스프레이 | 50㎖ 용기의
구강청정제 | 75㎖ 용기의
핸드크림 | 100㎖ 용기의
치약 | 100㎖ 용기의
젤류 음료 |

★반입불가

| 142㎖ 용기의
헤어 스프레이 | 250㎖ 용기의
구강청정제 | 125㎖ 용기의
베이비 로션 | 130㎖ 용기의
치약 | 120㎖ 용기의
음료 |

면세점 구입 물품
※ 아래 조건을 모두 만족해야 함.

보안검색대 통과 후 또는 시내 면세점에서 구입 후 공항 면세점에서 전달
받은 주류, 화장품등의 액체, 젤류는 아래 조건을 준수하는 경우 반입가능

- 투명 봉인봉투 또는 훼손탐지가능봉투 STEB:Security Tamper Evident Bag로 포장
- 투명 봉인봉투는 최종 목적지행 항공기 탑승 전에 개봉되었거나 훼손
  되었을 경우 반입금지
- 면세품 구입당시 교부받은 영수증이 훼손탐지가능봉투 안에 동봉 또는
  부착된 경우에 한하여 용량에 관계없이 반입가능

  ※ 투명 봉인봉투는 면세점에서 물품구입 시 제공되므로 별도준비 불필요
  ※ 예외사항 – 항공여행 중 승객이 사용할 분량의 의약품 또는 유아 승객 동반한 경우
    유아용 음식(우유, 물 등)의 액체, 젤류는 반입가능

출국

국내 항공사는 물론 태국 항공사에서도 한국과 태국 간
노선에는 보통 한국인 승무원이 있어 언어상의 도움을

자주 쓰이는 표현_1

• 항공권을 예약하였습니다.
쩡 뚜어 크르엉 빈 래우

จองตั๋วเครื่องบินแล้ว

···▸ 항공권을 예약하고 싶습니다.
약 쩡 뚜어 크르엉 빈

อยากจองตั๋วเครื่องบิน

바꿔 말하기

• 예약을 취소하다   **ยกเลิกการจอง**   욕륵 깐쩡

• 예약을 재확인하다   **ยืนยันการจอง**   이은얀 깐쩡

준다. 현재 한국과 태국 노선은 전 좌석 금연구간이며 **กรุงเทพฯ**
끄룽텝 방콕까지는 약 5시간 30분~6시간 소요된다.

자주 쓰이는 표현_2

- 제 자리는 어디입니까?
  티 낭 컹 폼/디찬 유 뜨롱 나이

  # ที่นั่งของผม / ดิฉันอยู่ตรงไหน

···▶ 여기에 있습니다.
  유 니

  # อยู่นี่

바꿔 말하기

- 이쪽 **ทางนี้**　　탕 니
- 저쪽 **ทางโน้น**　　탕 논
- 그쪽 **ทางนั้น**　　탕 난
- 어느쪽 **ทางไหน**　　탕 나이

유용한 표현

▶ 탑승권을 보여주십시오.
커 두 밧 크 크르엉 빈 두어이

ขอดูบัตรขึ้นเครื่องบินด้วย

▼ 이 좌석번호는 어디입니까?
렉 티낭 니 유 티 나이

เลขที่นั่งนี้อยู่ที่ไหน

▶ 저 쪽으로 가세요.
츤 빠이 탕논

เชิญไปทางโน้น

▼ 여기는 제 좌석입니다.
티니 티낭 컹 폼/디찬

ที่นี่ที่นั่งของผม/ดิฉัน

▶ 손님 좌석은 B-25번입니다.
티낭 컹 쿤 크 삐 이씹하

ที่นั่งของคุณคือ B-25

▶ 앉아주세요.
츤 낭

เชิญนั่ง

▼ 가방을 어디다 둘까요?
왕 끄라빠오 뜨롱나이

วางกระเป๋าตรงไหน

▶ 여기에 두십시오.
츤 왕 뜨롱니

เชิญวางตรงนี้

▼ 언제 치앙마이에 도착합니까?
틍 치앙마이 므어라이

ถึงเชียงใหม่เมื่อไหร่

▶ 곧 푸켓 공항에 도착합니다.
끌라이 틍 싸남빈 푸껫

ใกล้ถึงสนามบินภูเก็ต

출국

현재 국내에서 태국으로 출국하기 위해서는 인천 공항이나 김해 공항에서 출발이 가능하다.

자주 쓰이는 표현_1

- 음료수는 무엇으로 하시겠습니까?
  아오 남 아라이
  ## เอาน้ำอะไร

...→ 물 주십시오.
  커 남쁠라오
  ## ขอน้ำเปล่า

바꿔 말하기

- 포도주 **ไวน์** 와이
- 쥬스 **น้ำส้ม** 남쏨
- 커피 **กาแฟ** 까풰
- 콜라 **โค้ก** 콕

〉자주 쓰이는 표현_2 〈

- 어디가 아프십니까?
  쿤 마이 싸바이 르 쁠라오

  คุณไม่สบายหรือเปล่า

···▶ 머리가 아픕니다.
  폼/디찬 뿌엇 후어

  ผม/ดิฉันปวดหัว

바꿔 말하기

- 배 **ท้อง** 텅
- 이빨 **ฟัน** 퐌

- 허리 **เอว** 에우
- 눈 **ตา** 따

41
왕초짜 여행 태국어

유용한 표현

▼ 저기요, 실례합니다.
커톳
ขอโทษ

▼ 물 한 잔 주세요.
커 남쁠라오 능 깨우
ขอน้ำเปล่าหนึ่งแก้ว

▼ 식사는 무엇이 있습니까?
아한 미 아라이 방
อาหารมีอะไรบ้าง

▶ 닭고기, 돼지고기, 생선이 있습니다.
미 까이 무 래 쁠라
มีไก่ หมู และปลา

▼ 화장실이 어디입니까?
헝남 유나이
ห้องน้ำอยู่ไหน

▼ 몸이 안 좋습니다.

폼/디찬 마이 커이 싸바이

ผม/ดิฉันไม่ค่อยสบาย

▼ 약 좀 주세요.

커 야 너이

ขอยาหน่อย

▼ 향수 있습니까?

미 남험 마이

มีน้ำหอมไหม

▼ 달러로 지불해도 될까요?

짜이 뻰 응언 던라 다이마이

จ่ายเป็นเงินดอลลาร์ได้ไหม

▶ 더 필요한 것이 있습니까?

떵깐 아라이 픔 익 마이

ต้องการอะไรเพิ่มอีกไหม

유용한 표현

▶ 입국 카드를 작성해 주십시오.
커 키얀 밧 카 카오

ขอเขียนบัตรขาเข้า

▶ 입국 수속 담당자에게 제출하십시오.
써너 하이 푸깜깝 깐 뜨루엇 콘 카오 므엉

เสนอให้ผู้กำกับการตรวจคนเข้าเมือง

▼ 의자를 뒤로 젖혀도 됩니까?
엔 까오이 다이마이

เอนเก้าอี้ได้ไหม

▶ 네, 가능합니다.
다이

ได้

▼ 이 헤드폰은 어떻게 사용합니까?
후팡 니 차이 양라이

หูฟังนี้ใช้อย่างไร

▶ 이렇게 사용하세요.
차이 양니
ใช้อย่างนี้

▼ 담배를 펴도 되겠습니까?
폼/디찬 커 쑵 부리 다이 마이
ผม/ดิฉันขอสูบบุหรี่ได้ไหม

▶ 죄송합니다, 여기선 담배를 필 수가 없습니다.
커톳, 티니 쑵 부리 마이 다이
ขอโทษ ที่นี่สูบบุหรี่ไม่ได้

▶ 커피 드시겠습니까?
듬 까페 마이
ดื่มกาแฟไหม

▼ 한국 신문 있습니까?
미 낭쓰핌 까올리 마이
มีหนังสือพิมพ์เกาหลีไหม

45
왕초짜 여행 태국어

도움이 되는 **활용어휘**

- 예약   **การจอง** ^{깐 쩡}
- 출발하다   **ออกเดินทาง** ^{억 든탕}
- 도착하다   **มาถึง** ^{마 틍}
- 이코노미석   **ชั้นประหยัด** ^{찬 쁘라얏}
- 비즈니스석   **ชั้นธุรกิจ** ^{찬 투라낏}
- 일등석   **ชั้นหนึ่ง** ^{찬 능}
- 항공권   **ตั๋วการบิน** ^{뚜어 깐빈}
- 탑승권   **ตั๋วขึ้นเครื่องบิน** ^{뚜어 큰 크르엉빈}
- 금연석   **ที่นั่งงดสูบบุหรี่** ^{티낭 응옷 쑵부리}
- 흡연석   **ที่นั่งสำหรับผู้ที่สูบบุหรี่**
  ^{티낭 쌈랍 푸 티 쑵부리}
- 수하물   **สัมภาระ** ^{쌈파라}
- 수하물추가   **การเพิ่มสัมภาระ** ^{깐 픔 쌈파라}

탑승

• 여 승무원	**แอร์โฮสเตส**	에 홋뗏
• 남 승무원	**สจ๊วต**	싸쭈엇
• 기장	**กัปตันเครื่องบิน**	깝딴 크르엉빈
• 안전벨트	**เข็มขัดนิรภัย**	켐캇니라파이
• 구명조끼	**เสื้อชูชีพ**	쓰어 추칩
• 비상구	**ประตูฉุกเฉิน**	쁘라뚜 축츤
• 담요	**ผ้าห่ม**	파홈
• 베개	**หมอน**	먼
• 헤드폰	**หูฟัง**	후퐝
• 채널	**ช่องทาง**	청탕
• 라디오	**วิทยุ**	위타유
• 화장실	**ห้องน้ำ**	헝남
• 비어 있는	**ว่าง**	왕
• 사용 중	**กำลังใช้**	깜랑 차이

출국

탑승
기내
서비스
활용
어휘

도움이 되는 **활용어휘**

- 기내서비스 **บริการเครื่องบิน** 버리깐 본 크르엉빈
- 식사 **อาหาร** 아한
- 생선 **ปลา** 쁠라
- 치킨 **ไก่** 까이
- 배고픈 **หิว** 히우
- 목마른 **หิวน้ำ** 히우 남
- 음료수 **น้ำดื่ม** 남 듬
- 맥주 **เบียร์** 비아
- 콜라 **โค้ก** 콕
- 커피 **กาแฟ** 까풰
- 쥬스 **น้ำส้ม** 남 쏨
- 차 **ชา** 차
- 포도주 **ไวน์** 와이
- 위스키 **วิสกี้** 윗싸끼

기내서비스

- 양주　　　　**เหล้านอก** 라오 넉
- 물　　　　　**น้ำเปล่า** 남쁠라오
- 면세품판매　**การขายสินค้าปลอดภาษี**
　　　　　　　깐 카이 씬카 쁠럿파씨
- 신문　　　　**หนังสือพิมพ์** 낭쓰 핌
- 잡지　　　　**วางสาร** 왕싼
- 담요　　　　**ผ้าห่ม** 파홈
- 베개　　　　**หมอน** 먼
- 멀미약　　　**ยาแก้เมา** 야 깨 마오

입 국

비행기를 타고 태국에 갈 때, 기내에서 출입국카드와 세관신고서를 나누어준다. 여기에 해당 사항을 영어나 태국어로 기입한다. 특별한 검역 절차는 없다.

📷 입국순서

입국심사 입국카드와 여권을 카운터에 제출한다. 관광 목적의 무비자 입국자들에게는 별다른 질문을 하지 않고 여권에 입국스탬프를 찍어 준다.

▼

수하물 자기가 타고 온 비행기 편명이 쓰인 곳에서 자신의 수하물을 찾는다.

▼

세관신고 세관 신고 시 신고할 것이 있는지, 동식물을 가지고 들어가는지 체크한다. 신고할 것이 없으면 녹색 채널로 통과한다.

😊 태국의 면세범위

- 담배   200개피(1보루)
- 술   주류 1 ℓ 이하
- 면세 한도액   태국 밧 1만 **บาท** 밧

😊 환전

- 화폐

  태국에서 사용하는 화폐는 **บาทไทย** 밧타이로, 통화
  단위는 **บาท** 밧(표시는 B)이다. 보조 통화로 **สตางค** 싸땅이
  있다.

  1บาท 밧 **= 100 สตางค** 싸땅 이다.

- 환전

  환전은 공항, 은행, 호텔 등에서 가능하며 환율은 각 기관이나
  장소에 따라 매우 다양하므로 유리한 곳에서 환율을 하는 것이
  좋고 출국하기 전에 미리 국내 은행에서 환전을 하는 것이
  가장 좋다.

입국

태국의 입국 절차는 대한민국 여권을 소지하면 그다지
까다롭지 않다. 일반적으로 검역, 입국심사, 통관을 거쳐

자주 쓰이는 표현_1

- <u>여권</u>을 보여 주십시오.
  커 두 낭쓰 든탕

  ขอดูหนังสือเดินทาง

···> 여기 있습니다.
  니

  นี่

바꿔 말하기

- 탑승권 **บัตรขึ้นเครื่องบิน** 밧 큰 크르엉빈
- 항공권 **ตั๋วเครื่องบิน** 뚜어 크르엉빈

이루어지는데 여권과 비자에 하자가 없는 한 기내에서 나누어 주는
입국 카드를 작성하여 제출하면 된다. 2022년 4월 1일 0시부터 한.태
사증면제 협정이 체결되어 사증없이 90일간 체류가 가능하다.

자주 쓰이는 표현_2

- 입국 목적은 무엇입니까?
  든탕 마 탐 아라이 티 타이

  ### เดินทางมาทำอะไรที่ไทย

···▶ 관광/여행입니다.
  텅티여우

  ### ท่องเที่ยว

바꿔 말하기

• 친척방문	**เยี่ยมญาติ**	이얌 얏
• 공부하다	**เรียนหนังสือ**	리얀 낭쓰
• 사업하다	**ทำธุรกิจ**	탐 투라낏
• 회의참석	**เข้าร่วมประชุม**	카오 루엄 쁘라춤

입국

 자주 쓰이는 표현_3

- 태국에 며칠이나 머물 예정입니까?
  쿤 짜 유 티 타이 난 캐나이

  คุณจะอยู่ที่ไทยนานแค่ไหน

···→ 약 <u>일주일</u>이요.
  쁘라만 능 아팃

  ประมาณ หนึ่งอาทิตย์

바꿔 말하기

- 3일 **สามวัน** 쌈 완
- 2주일 **สองอาทิตย์** 썽 아팃
- 1달 **หนึ่งเดือน** 능 드언

🐸 ˋ자주 쓰이는 표현_4 ˊ

입국

입국
심사
수하물
세관
환전
활용
어휘

- 어디에 묵습니까?
쿤 팍 티나이

คุณพักที่ไหน

···▶ 싸얌호텔에 묵습니다.
팍 티 롱램 싸얌

พักที่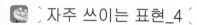โรงแรมสยาม

바꿔 말하기

- 친구 집　**บ้านเพื่อน**　반 프언
- 이 주소　**ที่อยู่นี้**　티유 니
- 대학 기숙사　**หอพักมหาวิทยาลัย** 허팍 마하위타얄라이

▶ 여권을 보여 주십시오.
커 두 낭쓰든탕

ขอดูหนังสือเดินทาง

▼ 여기 있습니다.
니

นี่

▶ 태국에 처음 여행 오십니까?
쿤 마 티여우 타이 뻰 크랑 랙 러

คุณมาเที่ยวไทยเป็นครั้งแรกหรอ

▼ 그렇습니다.
크랍/카

ครับ/ค่ะ

▶ 어느 나라에서 오셨습니까?
쿤 마 짝 쁘라텟 아라이

คุณมาจากประเทศอะไร

▼ 한국에서 왔습니다.
마 짝 까올리

มาจากเกาหลี

▶ 누구와 왔습니까?
마 깝 크라이

มากับใคร

▼ 혼자 왔습니다.
마 콘 디여우

มาคนเดียว

▶ 여행 오셨습니까?
마 티여우 러

มาเที่ยวหรอ

▼ 아닙니다. 출장입니다.
마이, 뻰 트립 든탕 마 탐응안

ไม่ เป็นทริปเดินทางมาทำงาน

입국

입국 수속을 마친 후 자신이 타고 온 항공사의 비행기 편명이
적혀 있는 곳에서 자신의 수하물을 찾는다.

자주 쓰이는 표현_1

- 짐차(카트)가 어디에 있습니까?
  까위얀 유 나이

  เกวียนอยู่ไหน

···▶ 저쪽에 있습니다.
  유 탕 논

  อยู่ทางโน้น

바꿔 말하기

- 안쪽 **ข้างใน** 캉 나이
- 바깥쪽 **ข้างนอก** 캉 넉
- 오른쪽 **ทางขวา** 탕 콰
- 왼쪽 **ทางซ้าย** 탕 싸이

수하물이 보이지 않으면 직원에게 수하물표를 보인 후 도움을 청한다.

🐸 자주 쓰이는 표현_2

- 어디에서 짐을 찾습니까?
  하 쌈파라 다이 티나이
  # หาสัมภาระได้ที่ไหน

⋯▶ 저쪽에 있습니다.
  유 탕 논
  # อยู่ทางโน้น

바꿔 말하기

- 인포메이션 센터 **เคาน์เตอร์ประชาสัมพันธ์**
  카오떠 쁘라차쌈판

▼ 실례합니다. 어디서 짐을 찾습니까?
커톳. 하 쌈파라 다이 티나이

ขอโทษ หาสัมภาระได้ที่ไหน

▶ 저쪽입니다.
탕 논

ทางโน้น

▼ 짐을 찾을 수 없습니다.
하 쌈파라 마이 쩌

หาสัมภาระไม่เจอ

▶ 어느 항공편을 타고 오셨습니까?
마 두어이 싸이깐빈 나이

มาด้วยสายการบินไหน

▼ KA716편입니다.
싸이깐빈 케에 쩻능혹

สายการบิน KA เจ็ดหนึ่งหก

▼ 이것이 제 수하물표입니다.
니 크 뚜어 쌈파라 컹 폼/디찬
นี่คือตั๋วสัมภาระของผม/ดิฉัน

▶ 어떤 수하물입니까?
쌈파라 뱁나이
สัมภาระแบบไหน

▼ 큰 검은색 트렁크입니다.
끄라빠오 든탕 바이 야이 씨담
กระเป๋าเดินทางใบใหญ่สีดำ

▼ 최대한 빨리 찾아주십시오.
커 하 끄라빠오 하이 레우 티 쑷
ขอหากระเป๋าให้เร็วที่สุด

▼ 찾으면 호텔로 보내 주십시오.
하 래우 롭꾸언 쏭 빠이 티 롱램 두어이
หาแล้วรบกวนส่งไปที่โรงแรมด้วย

입국

세관 검사는 그다지 까다롭지 않으나 반입이 금지된 물품은
사전에 알아보고 주의하도록 한다.

 자주 쓰이는 표현_1

• 신고할 물건이 있습니까?
  미 씽컹 티 떵 싸댕 마이

  มีสิ่งของที่ต้องแสดงไหม

⋯▶ 없습니다.
  마이 미

  ไม่มี

바꿔 말하기

• 동물 **สัตว์** 쌋   • 식물 **พืช** 픗

자주 쓰이는 표현_2

입국

입국
심사
수하물
세관
환전
활용
어휘

- 이것은 무엇입니까?
  니 아라이
  # นี่อะไร

···▸ 이것은 <u>제 개인용품</u>입니다.
   니 크 컹 쑤언뚜어
   # นี่คือ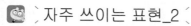ของส่วนตัว

바꿔 말하기

- 선물   **ของขวัญ**   컹콴   • 약 **ยา** 야
- 한국음식 **อาหารเกาหลี** 아한 까올리
- 화장품 **เครื่องสำอาง** 크르엉 쌈앙

▶ 신고할 물건이 있습니까?
미 라이깐 컹 티 떵 싸댕 마이

มีรายการของที่ต้องแสดงไหม

▼ 없습니다.
마이 미

ไม่มี

▶ 안에 무엇이 있습니까?
캉나이 미 아라이

ข้างในมีอะไร

▼ 옷과 개인용품이 있습니다.
미 쓰어 래 컹 쑤언뚜어

มีเสื้อและของส่วนตัว

▶ 당신의 가방을 열어 보십시오.
쁟 끄라빠오 컹 쿤 너이

เปิดกระเป๋าของคุณหน่อย

▶ 짐이 더 있습니까?
미 쌈파라 익 마이

มีสัมภาระอีกไหม

▶ 이 물건은 관세를 물어야 합니다.
쌈랍 씽컹 니 떵 씨야 파씨 쑤라까껀

สำหรับสิ่งของนี้ต้องเสียภาษีศุลกากร

▶ 출국 때까지 잘 보관하십시오.
하이 껩 와이 디디 쫀 틍 든탕 억 넉 쁘라텟

ให้เก็บไว้ดีๆจนถึงเดินทาง
ออกนอกประเทศ

▶ 돈은 얼마나 가지고 있습니까?
미 응언 타오라이

มีเงินเท่าไหร่

- - - - - - - - - - - - - - - - - - - -

▼ 50,000밧을 가지고 있습니다.
미 하믄 밧

มีห้าหมื่นบาท

입국

태국에서 사용되는 돈은 **บาทไทย** 밧타이 **밧**이다. 여행자도
태국인들이 사용하는 것과 똑같이 밧타이를 사용한다.

 `자주 쓰이는 표현_1`

- 어서 오십시오.
  인디 떤 랍

  ## ยินดีต้อนรับ

··➤ 한국 원화를 밧타이로 바꾸고 싶습니다.
약 랙 응언 짝 <u>까올리 원</u> 하이 뻰 밧 타이

อยากแลกเงินจาก
เกาหลีวอนให้เป็นบาทไทย

바꿔 말하기

- 달러　　**ดอลลาร์**　　던라
- 유로　　**ยูโร**　　유로

■■■■■■ ■■■■

한국에서 미리 환전해 가지 못 한다면, 태국 시중은행보다 금리가
좋은 사설환전소를 이용할 수 있다.

자주 쓰이는 표현_2

입국

입국
심사

수하물

세관

환전

활용
어휘

- 얼마를 바꾸실 겁니까?
  쿤 짜 랙 응언 타오라이

  # คุณจะแลกเงินเท่าไหร่

  ··· 오백만 원을 바꿔주세요.
  추어이 랙 응언 하란 원

  # ช่วยแลกเงินห้าล้านวอน

바꿔 말하기

- 만(10,000)   **หมื่น**   믄

- 30만(300,000)   **สามแสน**   쌈 쌘

▼ 어디서 환전을 하는 것이 좋습니까?
랙 응언 티나이 디

แลกเงินที่ไหนดี

▶ 2층에 농업은행이 있습니다.
찬 썽 미 타나칸 까씨껀타이

ชั้นสองมีธนาคารกสิกรไทย

▼ 환전을 하려고 합니다.
폼/디찬 짜 랙 응언

ผม/ดิฉันจะแลกเงิน

▶ 어떤 외화를 가지고 계십니까?
미 응언 쁘라텟 아라이

มีเงินประเทศอะไร

▼ 달러입니다.
던라

ดอลลาร์

▶ 얼마나 바꾸시겠습니까?
쿤 짜 랙 응언 타오라이

คุณจะแลกเงินเท่าไหร่

▼ 구백만 원입니다.
까오란 원

เก้าล้านวอน

▶ 환전 서류를 적어 주십시오.
추어이 끄럭 에까싼 랙 응언 두어이

ช่วยกรอกเอกสารแลกเงินด้วย

▼ 오늘은 환율이 어떻게 됩니까?
앗뜨라 랙 응언 완니 뻰 양응아이

อัตราแลกเงินวันนี้เป็นยังไง

▶ 1000원에 30밧입니다.
판 원 타오 깝 쌈씹 밧

1000 วอน เท่ากับ 30 บาท

도움이 되는 **활용어휘**

- 입국관리 **ตรวจคนเข้าเมือง** 뜨루엇 콘 카오 므엉
- 입국신고서 **ใบตรวจคนเข้าเมือง** 바이 뜨루엇 콘 카오 므엉
- 검역 **การกักกันโรค** 깐 깍깐 록
- 여권 **หนังสือเดินทาง** 낭쓰 든 탕
- 비자 **วีซ่า** 위싸
- 여행객 **นักท่องเที่ยว** 낙 텅티여우
- 외국인 **คนต่างชาติ** 콘 땅찻
- 이름 **ชื่อ** 츠
- 성 **นามสกุล** 남싸꾼
- 국적 **สัญชาติ** 싼찻
- 생년월일 **วันเดือนปีเกิด** 완 드언 삐 끋
- 나이 **อายุ** 아유
- 성별 **เพศ** 펫

- 남/여 **ผู้ชาย/ผู้หญิง** 푸 차이/푸 잉
- 직업 **อาชีพ** 아칩
- 주소 **ที่อยู่** 티유
- 본적 **ทะเบียนเกิด** 타비안 끋
- 기혼 **แต่งงานแล้ว** 땡응안 래우
- 미혼 **โสด** 쏫
- 여권번호 **หมายเลขหนังสือเดินทาง**
  마이렉 낭쓰 든탕
- 출발지 **สถานที่ออกเดินทาง** 싸탄티 억 든탕
- 여행목적 **เป้าหมายการท่องเที่ยว**
  빠오마이 깐텅티여우

도움이 되는 **활용어휘**

- 세관 **ศุลกากร** 쑤라까껀
- 관세 **ภาษีศุลกากร** 파씨 쑤라까껀
- 세관신고서 **ใบแจ้งชำระภาษีศุลกากร**
  바이 쨍 참라 파씨 쑤라까껀
- 외환신고서 **ใบแจ้งเงินตราต่างประเทศ**
  바이 쨍 응언 뜨라 땅 쁘라텟
- 현금 **เงินสด** 응언 쏫
- 면세품 **สินค้าปลอดภาษี** 씬카 쁠럿 파씨
- 술 **สุรา, เหล้า** 쑤라, 라오
- 담배 **บุหรี่** 부리
- 향수 **น้ำหอม** 남 험
- 선물 **ของขวัญ** 컹콴
- 개인용품 **ของส่วนตัว** 컹 쑤언뚜어

세관

• 한국음식	**อาหารเกาหลี**	아한 까올리
• 동물	**สัตว์**	쌋
• 식물	**พืช**	풋
• 반입금지품	**สินค้าห้ามนำเข้า**	씬카 함 남 카오
• 카메라	**กล้องถ่ายรูป**	끌렁 타이 룹
• 비디오	**วิดีโอ**	위디오
• TV	**โทรทัศน์, ทีวี**	토라탓, 티위
• 비디오카메라	**กล้องวิดีโอ**	끌렁 위디오
• 책	**หนังสือ**	낭쓰

도움이 되는 **활용어휘**

- 은행   **ธนาคาร** 타나칸
- 환전   **การแลกเงิน** 깐 랙 응언
- 외화   **เงินตราต่างประเทศ**
  응언 뜨라 땅 쁘라텟
- 외환신고서   **ใบแจ้งเงินตราต่างประเทศ**
  바이 쨍 응언 뜨라 땅 쁘라텟
- 환전소   **ร้านแลกเงิน** 란 랙 응언
- 환전서류   **เอกสารแลกเงิน** 에까싼 랙 응언
- 환율   **อัตราแลกเปลี่ยนเงินตรา**
  아뜨라 랙 쁠리안 응언 뜨라
- 여행자 수표   **เช็คเดินทาง** 첵 든탕
- 밧타이(태국화)   **บาทไทย** 밧타이
- 한화   **เงินเกาหลี** 응언 까올리
- 달러   **เงินดอลลาร์** 응언 던라
- 엔화   **เงินเยน** 응언 엔

환전

- 홍콩 달러   **เงินดอลลาร์ฮ่องกง** ^{응언 던라 헝꽁}
- 유로   **เงินยูโร** ^{응언 유로}
- 파운드   **เงินปอนด์** ^{응언 뻔}
- 수표   **เช็ค** ^첵
- 지폐   **ธนบัตร** ^{타나밧}
- 동전   **เหรียญ** ^{리얀}
- 잔돈   **แบงค์ย่อย** ^{뱅 여이}
- 1밧   **หนึ่งบาท** ^{능 밧}
- 2백밧   **สองร้อยบาท** ^{썽 러이 밧}
- 30만밧   **สามแสนบาท** ^{쌈 쌘 밧}

교 통

태국 내 도시와 도시를 이동할 때 여행객들 뿐 아니라 현지인들은 주로 버스를 가장 많이 이용한다. 철도망이 형성되어 있으나 기차로는 일부 도시만 갈 수 있으며, 밴으로도 각 도시 이동이 가능하지만 장거리 이동 시 좌석이 불편하다. 각 도시의 시내 교통은 수도 방콕에 지하철, 지상철, 버스, 간선 급행 버스, 오토바이 택시, 롯뚜(밴), 뚝뚝(오토바이 개조 택시), 썽태우(미니 버스), 수상 버스가 있으며 다른 도시에는 외국인 관광객을 대상으로 하는 일부 대도시의 택시를 제외하고는 택시와 버스 대신 썽태우나 오토바이 택시를 이용한다.

🐹 비행기 เครื่องบิน 크르엉 빈

현재 타이항공, 대한항공, 아시아나항공, 제주항공, 진에어, 티웨이항공, 이스타항공, 에어아시아가 한국과 태국 간 국제선을 운행하며 다양한 항공사가 국내선을 운행 중이다.

- 주요 태국 항공사
  - ‣ 타이항공(Thai Airways:TG)
  - ‣ 방콕항공(Bangkok Airways:BA)
  - ‣ 녹에어(Nok Air:DD)
  - ‣ 오리엔트 타이 항공(Orient Thai Airlines:OX)
  - ‣ 타이 에어아시아(Thai AirAsia:XJ)

🚂 기차 รถไฟ 롯 퐈이

도시와 도시를 이동하는
이동수단으로 이용된다. 방콕을
중심으로 북부로는 치앙마이,
라오스와 인접한 북동쪽 우본 랏차타니와 넝카이,
말레이시아 국경도시인 남부 나라티왓의 쑤웅아이꼴록
등 각 지방 대소도시에 철도망이 형성되어 있다. 좌석은
에어컨 유무, 침대칸이냐 아니냐에 따라 등급이 구분되며
가격 또한 다르다.

🚌 버스 รถเมล์ 롯 메, รถบัส 롯 밧

방콕의 시내버스는 에어컨 유무에 따라 기본 가격이
다르며, 버스를 타면 안내원에게 내릴 곳을 말하고 이동
거리에 따른 요금을 내면 된다. 중앙 차도를 따라 일부
지역만 운행하는 간선 급행 버스(BRT)를 제외하고는
따로 태국어나 영어로 노선 안내를 해주진 않아 외국인이
버스를 이용하기에는 어려움이 있다.
도시 간 이동 버스로는 정부버스, 사설회사 버스, 여행사
운영 버스가 있다. 이 때, 간단한 간식이나 장거리 이동 시
식사를 주며 의자를 뒤로 젖혀 침대로 활용해 잠을 자며
이동 가능하다.

🚇 지하철 รถไฟใต้ดิน 롯 퐈이 따이 딘

방콕에만 운행 중인 지하철은 18개 역에 정차한다. 짜뚜짝 공원, 수쿰윗, 씰롬 3개 역에서 지상철로 갈아탈 수 있으며, 환승 시 요금은 지상철과 지하철에 각각 따로 지불해야 한다. 수완나품 공항으로 가는 공항철도는 펫차부리 역에서 환승 가능하며 역시 요금은 따로 지불한다.

🚈 지상철 รถไฟฟ้า 롯 퐈이 퐈

지상철은 현재 방콕에서만 운행 중이며 2개 노선, 25개 역에 정차한다. 머칫, 아쏙, 쌀라댕 3개 역에서 지하철 환승, 파야타이 1개 역에서 수완나품 공항으로 가는 공항철도 환승이 가능하다. 환승 시 지하철과 공항철도에서 티켓 구입 비용을 따로 지불하여야 한다. 여행객의 경우, 한달 이용권을 구매하여 사용할 수 있다. 한달 15회 이용 시 450밧, 25회 이용 시 700밧, 40회 이용 시 1,040밧, 50회 이용 시 1,250밧으로 지상철을 자주 이용하는 경우 일회용 승차권을 구입하는 것보다 훨씬 저렴한 가격에 지상철 이용이 가능하다.

🚕 택시 แท็กซี่ 택씨

방콕과 치앙마이, 푸껫 등 대도시에만 있는 택시는 관광객들이 이용하기에 아주 편리한 교통수단이다. 그러나 방콕의 경우, 교통체증이 매우 심하기 때문에 출퇴근시간에는 지상철이나 지하철 이용을 권장한다.

🛵 오토바이 택시 มอเตอร์ไซค์ 머떠싸이

태국 서민들의 발이 되어주는 오토바이 택시는 교통체증으로 차가 움직이기 어려운 방콕에서 특히나 유용한 교통수단이다. 이동 거리에 따라 요금을 흥정하여 탑승하며 가능하다면 헬멧을 꼭 착용하여 탑승하도록 하자. 오토바이를 개조하여 바퀴가 세 개 달린 택시 뚝뚝 ตุ๊กตุ๊ก 또한 가격을 흥정해야 한다.

🛥 쌘쌥 운하 수상버스
르어 도이싼 클렁 쌘쌥
เรือโดยสารคลองแสนแสบ

방콕 쌘쌥 운하를 따라 이동하며 왕궁과 카오산로드 주변, 쁘라뚜남 시장, 펫차부리 공항철도 역 근처, 텅러 등을 경유한다.

🛥 짜오프라야 수상버스
르어 두언 짜오프라야
เรือด่วนเจ้าพระยะ

방콕의 젖줄인 짜오프라야 강을 따라 이동하는 수상버스로 바쁜 방콕 사람들의 발이 되어주는 하나의 교통수단이다. 지상철 싸판 딱씬 역, 프라쑤멘 요새, 새벽 사원 등을 경유한다.

교통

태국여행 중의 가장 기본은 그 지방의 지도를 살펴보는 일이다. 서점이나 신문판매대에서 사거나 인터넷 지도를 볼 수 있으며 상세하게 되어 있어 길을 파악하는 데

자주 쓰이는 표현_1

• 실례지만, 한국 대사관까지 어떻게 갑니까?

커톳, 빠이 싸탄툿 까올리 양 라이

ขอโทษ ไปสถานทูตเกาหลีอย่างไร

···› 곧장 앞으로 가세요.

뜨롱 빠이

ตรงไป

바꿔 말하기

• 왼쪽으로 도세요.　**ให้เลี้ยวซ้าย**　하이 리여우 싸이

• 오른쪽으로 도세요.　**ให้เลี้ยวขวา**　하이 리여우 콰

• 길을 건너세요.　**ข้ามถนน**　캄 타논

초보여행자도 한번에 찾는다

유용하다. 혹시 길을 잃었을 경우 말이 통하지 않더라도 당황하지
말고 영어로 쓰거나 전세계 공통어인 바디랭귀지를 이용하자.

자주 쓰이는 표현_2

- 우체국이 여기서 멉니까?
  쁘라이싸니 끌라이 짝 티니 마이

  ไปรษณีย์ไกลจากที่นี่ไหม

···▶ 그다지 멀지 않습니다.
  마이 끌라이 타오라이

  ไม่ไกลเท่าไหร่

바꿔 말하기

- **한국대사관**　　**สถานทูตเกาหลี**　싸탄툿 까올리
- **왕궁**　　**พระราชวัง**　프라랏차왕

▼ 왓프라깨우에메랄드 사원까지 어떻게 갑니까?
빠이 왓 프라깨우 양라이

ไปวัดพระแก้วอย่างไร

▶ 사거리를 지나서 앞으로 조금 더 가세요.
틍 씨액 하이 뜨롱빠이 익

ถึงสี่แยกให้ตรงไปอีก

▼ 여기서 먼가요?
끌라이 짝 티니 마이

ไกลจากที่นี่ไหม

▶ 그다지 멀지 않습니다.
마이 끌라이 타오라이

ไม่ไกลเท่าไหร่

▶ 여기서 가깝습니다.
끌라이 짝 티니

ใกล้จากที่นี่

▶ 걸어서 15분이면 도착합니다.
든 씹하 나티 꺼 틍
เดิน 15 นาทีก็ถึง

▼ 시장은 어디에 있습니까?
딸랏 유 티나이
ตลาดอยู่ที่ไหน

▼ 여기는 어디입니까?
티니 티나이
ที่นี่ที่ไหน

▼ 길을 잃었습니다.
롱 탕 래우
หลงทางแล้ว

- -

▶ 데려다 드릴까요?
쿤 떵깐 하이 폼/디찬 파 쿤 빠이 마이
คุณต้องการให้ผม
/ดิฉันพาคุณไปไหม

교통

길묻기
버스
지하철
택시
오토바이
기차
활용
어휘

교통

버스에는 일반 시내버스 그리고 트롤레부스, 미니버스
(마르쉬루트가) 등 여러가지 종류의 버스가 있다.

자주 쓰이는 표현_1

- 3번 버스가 이 곳을 지나갑니까?

  롯메 싸이 쌈 판 티니 마이

  รถเมล์ สาย 3 ผ่านที่นี่ไหม

⋯▶ 지나갑니다. / 지나가지 않습니다.

  판 / 마이판

  ผ่าน / ไม่ผ่าน

바꿔 말하기

- 싸얌에 가는   **ไปสยาม**   빠이 싸얌
- 쑤쿰윗에 가는   **ไปสุขุมวิท**   빠이 쑤쿰윗

자주 쓰이는 표현_2

> • 룸피니 공원에 가려면 몇 번 버스를 탑니까?
> 빠이 쑤언 룸피니 낭 롯메 싸이 아라이
>
> ไป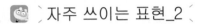นั่งรถเมล์สายอะไร
>
> ┄┄▶ 8번을 타세요.
> 낭 롯메 싸이 뺏
>
> ## นั่งรถเมล์สาย 8

바꿔 말하기

| • 박물관 | พิพิธภัณฑ์ | 피피타판 |
| • 한인타운 | โคเรียนทาวน์ | 코리안 타우 |

유용한 표현

▼ 버스 정류장이 어디입니까?
빠이 롯메 유 티 나이

ป้ายรถเมล์อยู่ที่ไหน

▼ 버스는 어디에서 탑니까?
큰 롯메 뜨롱 나이

ขึ้นรถเมล์ตรงไหน

▼ 사원에 가려면 어디에서 내려야 합니까?
빠이 왓 떵 롱 빠이 나이

ไปวัดต้องลงป้ายไหน

▶ 다음 정류장에서 내리세요.
롱 빠이 떠빠이

ลงป้ายต่อไป

▼ 비켜주세요.
커 탕 너이

ขอทางหน่อย

▼ 이 버스가 동물원에 갑니까?
롯메 싸이 니 빠이 쑤언쌋 마이

รถเมล์สายนี้ไปสวนสัตว์ไหม

▶ 갑니다. / 가지 않습니다.
빠이 / 마이 빠이

ไป / ไม่ไป

▼ 동물원까지 몇 분이나 남았습니까?
익 끼 나티 짜 틍 쑤언쌋

อีกกี่นาทีจะถึงสวนสัตว์

▶ 35분 후에 동물원에 도착합니다.
익 쌈씹하 나티 짜 틍 쑤언쌋

อีก 35 นาทีจะถึงสวนสัตว์

▼ 도착하면 말씀해 주십시오.
틍 래우 벅 두어이

ถึงแล้วบอกด้วย

교통

방콕의 지하철은 1개 노선 18개 역, 지상철은 2개 노선 25개 역을 운행 중이다. 방콕의 지하철과 지상철은 이동 역 수에 따라 요금이 달라지며, 지상철의 경우 한달 이용권을 따로 구입하여 이용할 수 있다.

 ⟩ 자주 쓰이는 표현_1 ⟨

- <u>후어힌</u>까지 얼마나 걸립니까?
  빠이 후어힌 차이 웰라 타오라이

  ## ไป<mark>หัวหิน</mark>ใช้เวลาเท่าไหร่

···▷ 20분이면 충분합니다.
  이씹 나티 꺼 퍼

  ## 20 นาทีก็พอ

바꿔 말하기

- **치앙마이** 북부 대도시   **เชี่ยงใหม่** 치앙마이

- **파타야** 동부 해변 도시   **พัทยา** 파타야

- **깐짜나부리** 방콕 서쪽 관광지   **กาญจนบุรี** 깐짜나부리

한달 이용권 또는 몇 회를 이용할 건지에 따라 구입 요금이 다르다.
지상철 뿐 아니라 지하철에서도 정기권을 구입할 수 있지만 정기권보다는
프로모션에 따라 이용 요금이 최대 50%까지 할인되는 충전카드가 인기있다.

자주 쓰이는 표현_2

* 어디에서 지하철로 갈아탈 수 있습니까?
  떠 롯퐈이 따이 딘 다이 티 나이

  # ต่อรถไฟใต้ดินได้ที่ไหน

···▶ 다음 역입니다.
싸타니 떠빠이

สถานีต่อไป

교통
길묻기
버스
지하철
택시
오토바이
기차
활용
어휘

바꿔 말하기

* 이번 역 **สถานีนี้** 싸타니 니
* 싸얌 역 **สถานีสยาม** 싸타니 싸얌

유용한 표현

▼ 어디에서 표를 삽니까?
쓰 뚜어 티 나이
ซื้อตั๋วที่ไหน

▶ 저기입니다.
티 논
ที่โน่น

▼ 끄룽톤부리 역까지 얼마입니까?
빠이 싸타니 끄룽톤부리 라카 타오라이
ไปสถานีกรุงธนบุรีราคาเท่าไหร่

▼ 아직 몇 정거장이 남았습니까?
르어 익 끼 싸타니
เหลืออีกกี่สถานี

▼ 어느 역에 내리는 것이 좋습니까?
롱 싸타니 나이 디
ลงสถานีไหนดี

초보여행자도 한번에 찾는다

▼ 어디에서 지상철로 갈아탈 수 있습니까?
떠 롯퐈이퐈 다이 티 나이

ต่อรถไฟฟ้าได้ที่ไหน

▶ 씰롬 역에서 지상철로 갈아타십시오.
떠 롯퐈이퐈 티 싸타니 씰롬

ต่อรถไฟฟ้าที่สถานีสีลม

▶ 제가 데려다 드리겠습니다.
폼/디찬 짜 파 쿤 빠이

ผม/ดิฉันจะพาคุณไป

▶ 아쏙역에 곧 도착하겠습니다.
라오 끌라이 짜 틍 싸타니 아쏙 래우

เราใกล้จะถึงสถานีอโศกแล้ว

교통

택시는 미터제로 운영되며, 기본요금은 35밧이다. 방콕에서 파타야 등 근교 도시로 갈 때에는 택시 기사와 가격을

 자주 쓰이는 표현_1

- 어디로 가십니까?
  빠이 나이

  ไปไหน

··· 짜오프라야 호텔에 갑니다.
  빠이 롱램 짜오프라야

  ไป โรงแรมเจ้าพระยา

바꿔 말하기

- 식당 **ร้านอาหาร** 란 아한 • 공항 **สนามบิน** 싸남 빈
- 병원 **โรงพยาบาล** 롱 파야반
- 경찰서 **สถานีตำรวจ** 싸타니 땀루엇

홍정하여 이동할 수 있다. 수도 방콕과 외국인 관광객이 즐겨 찾는 대도시 치앙마이와 파타야를 제외하고는 택시가 운행하지 않는다.

자주 쓰이는 표현_2

* 서점 앞에 세워 주십시오.
  찟 롯 티 나 란 낭쓰

จอดรถที่หน้าร้านหนังสือ

···› 알겠습니다.
  다이 크랍/카

ได้ครับ/ค่ะ

바꿔 말하기

* 입구 **ทางเข้า** 탕 카오
* 횡단보도 **ทางม้าลาย** 탕 마라이

유용한 표현

▼ 택시를 어디에서 부를 수 있습니까?
폼/디찬 짜 리약 택씨 다이 티 나이

ผม/ดิฉันจะเรียกแท็กซี่ได้ที่ไหน

▶ 어디로 가십니까?
빠이 나이

ไปไหน

▼ 에어콘을 켜 주세요.
쁟 에 너이

เปิดแอร์หน่อย

▼ 여기에서 얼마나 걸립니까?
차이 웰라 타오라이 짝 티 니

ใช้เวลาเท่าไหร่จากที่นี่

▶ 약 30분 정도 걸립니다.
차이 웰라 쁘라만 쌈씹 나티

ใช้เวลาประมาณ 30 นาที

▼ 여기에서 기다려 주세요.
러 티 니
รอที่นี่

▼ 빨리 가 주세요.
립 빠이 너이
รีบไปหน่อย

▼ 공항까지 택시비가 얼마입니까?
카 택씨 빠이 싸남빈 라카 타오라이
ค่าแท็กซี่ไปสนามบินราคาเท่าไหร่

▶ 도착했습니다. 250밧입니다.
틍 래우. 썽러이 하씹 밧
ถึงแล้ว 250 บาท

▼ 감사합니다.
컵쿤
ขอบคุณ

교통

오토바이 택시는 태국인들의 가장 보편적인 교통 수단이다. 오토바이 택시를 탑승할 때에는 행선지를 말한 후, 가격을 물어본다. 혹시 모를 접촉사고를 대비하여

 자주 쓰이는 표현_1

• 어디 가십니까?
빠이 나이

ไปไหน

···▶ 싸얌 파라곤에 갑니다.
빠이 싸얌 파라껀

ไปสยามพารากอน

바꿔 말하기

• 시장 **ตลาด** 딸랏

• 공원 **สวน** 쑤언

가능한 헬멧을 착용하고 타도록 하자. 오토바이를 직접 빌려 운전할 수 있지만 도로가 복잡한 방콕에서는 추천하지 않는다.

자주 쓰이는 표현_2

- 백화점에 가는 데 얼마입니까?
  빠이 항 쌉파씬카 라카 타오라이

  ### ไป ห้างสรรพสินค้า ราคาเท่าไหร่

····▶ 20밧입니다.
  이씹 밧

  ### 20 บาท

바꿔 말하기

- 호텔 **โรงแรม** 롱램
- 골목 입구 **ปากซอย** 빡 써이

유용한 표현

▶ 자전거와 오토바이 중 무엇을 빌리실 겁니까?
차오 짝끄라얀 르 차오 머떠싸이

เช่าจักรยานหรือเช่ามอเตอร์ไซค์

▼ 오토바이를 어디에서 빌릴 수 있습니까?
차오 머떠싸이 다이 티 나이

เช่ามอเตอร์ไซค์ได้ที่ไหน

▼ 오토바이를 빌리고 싶습니다.
약 차오 머떠싸이

อยากเช่ามอเตอร์ไซค์

▼ 오후 1시부터 오토바이를 빌리고 싶습니다.
약 차오 머떠싸이 땅때 바이몽

อยากเช่ามอเตอร์ไซค์ตั้งแต่บ่ายโมง

▼ 오토바이를 2대 빌리고 싶습니다.
약 차오 머떠싸이 썽 칸

อยากเช่ามอเตอร์ไซค์ 2 คัน

▼ 하루에 얼마입니까?
완 라 타오라이

วันละเท่าไหร่

▶ 하루에 250밧입니다.
완 라 썽러이 하씹 밧

วันละ 250 บาท

▼ 이 오토바이가 마음에 듭니다.
첩 머떠싸이 칸 니

ชอบมอเตอร์ไซค์คันนี้

▼ 언제까지 돌려줘야 합니까?
떵 큰 머떠싸이 므어라이

ต้องคืนมอเตอร์ไซค์เมื่อไหร่

▶ 내일 저녁 8시까지요.
프룽니 썽툼

พรุ่งนี้สองทุ่ม

교 통

방콕을 중심으로 전국 대소도시에 철도망을 형성하고 있다.

 〉자주 쓰이는 표현_1 〈

- 어디로 가십니까?
  빠이 나이

  # ไปไหน

···〉 치앙마이로 갑니다.
  빠이 치앙마이

  # ไป เชียงใหม่

바꿔 말하기

- 방콕 중앙역 **หัวลำโพง** 후어람퐁 • 컨깬 **ขอนแก่น** 컨깬

- 쑤랏타니 **สุราษฎร์ธานี** 쑤랏타니 • 아유타야 **อยุธยา** 아윳타야

자주 쓰이는 표현_2

• 어느 역에서 <u>타야</u> 합니까?
떵 큰 롯퐈이 티 싸타니 나이

ต้องขึ้นรถไฟที่สถานีไหน

···▶ 다음 역입니다.
싸타니 떠 빠이

สถานีต่อไป

바꿔 말하기

• 내리다 **ลง** 롱   • 갈아타다 **ต่อรถ** 떠 롯

유용한 표현

▼ 매표소가 어디입니까?
티 카이 뚜어 유 티 나이
ที่ขายตั๋วอยู่ที่ไหน

▼ 오늘 끄룽텝방콕으로 가는 기차표가 있습니까?
완니 미 롯퐈이 빠이 끄룽텝 마이
วันนี้มีรถไฟไปกรุงเทพฯไหม

▶ 없는데요, 내일 표는 있습니다.
마이 미, 미 때 프룽니
ไม่มี มีแต่พรุ่งนี้

▼ 후어힌 가는 마지막 기차는 몇 시 출발입니까?
롯퐈이 빠이 후어힌 쑷타이 억 끼 몽
รถไฟไปหัวหินสุดท้ายออกกี่โมง

▼ 여기는 무슨 역입니까?
티니 싸타니 아라이
ที่นี่สถานีอะไร

▼ 요금은 얼마입니까?
카 롯파이 타오라이

ค่ารถไฟเท่าไหร่

▼ 넝카이 행 열차 1등석 편도 표 주십시요.
커 뚜어 티여우 디여우 찬 능 빠이 넝카이

ขอตั๋วเที่ยวเดียวชั้นหนึ่งไปหนองคาย

▼ 던므엉으로 가는 3등석 표 1장 주십시오.
커 뚜어 찬 쌈 빠이 던므엉 능 바이

ขอตั๋วชั้นสามไปดอนเมืองหนึ่งใบ

▼ 나컨빠톰까지 몇 정거장 남았습니까?
익 끼 싸타니 쯩 짜 틍 나컨빠톰

อีกกี่สถานีจึงจะถึงนครปฐม

▶ 2 정거장입니다.
익 썽 싸타니

อีก 2 สถานี

- 길   **ถนน** ^{타논}
- 고속도로   **ทางด่วน** ^{탕 두언}
- 큰 길   **ถนนใหญ่** ^{타논 야이}
- 골목길   **ถนนซอย** ^{타논 써이}
- 일방통행도로   **ถนนทางเดียว** ^{타논 탕 디여우}
- 사거리   **สี่แยก** ^{씨액}
- 삼거리   **สามแยก** ^{쌈액}
- 인도   **ทางเท้า** ^{탕 타오}
- 건널목   **ทางข้าม** ^{탕 캄}
- 신호등   **ไฟสัญญาณ** ^{퐈이 싼얀}
- 다리   **สะพาน** ^{싸판}
- 육교   **สะพานลอย** ^{싸판 러이}
- 입구   **ทางเข้า** ^{탕 카오}

길묻기

• 출구	**ทางออก**	탕억
• 지도	**แผนที่**	팬티
• 동	**ตะวันออก**	따완억
• 서	**ตะวันตก**	따완똑
• 남	**ใต้**	따이
• 북	**เหนือ**	느어
• 앞	**หน้า**	나
• 뒤	**หลัง**	랑
• 옆	**ข้าง**	캉
• 오른쪽	**ข้างขวา**	캉 콰
• 왼쪽	**ข้างซ้าย**	캉 싸이

- 버스   **รถเมล์, รถบัส** 롯메, 롯밧
- 소형버스   **รถเมล์เล็ก** 롯메 렉
- 관광버스   **รถเมล์ท่องเที่ยว** 롯메 텅티여우
- 장거리버스   **รถเมล์ทางไกล** 롯메 탕 끌라이
- 버스정류장   **ป้ายรถเมล์** 빠이 롯메
- 주차장   **ที่จอดรถ** 티 쩟 롯
- 매표원   **คนขายตั๋ว** 콘 카이 뚜어
- 운전기사   **คนขับรถ** 콘 캅 롯
- 택시   **แท็กซี่** 택씨
- 대형택시   **แท็กซี่คันใหญ่** 택씨 칸 야이
- 택시 타는 곳   **ที่ขึ้นรถแท็กซี่** 티 큰 롯 택씨
- 택시운전사   **คนขับรถแท็กซี่** 콘 캅 롯 택씨
- 첫 차   **รถเที่ยวแรก** 롯 티여우 랙
- 막 차   **รถเที่ยวสุดท้าย** 롯 티여우 쑷타이

버스·지하철·택시

- 오토바이　　　**มอเตอร์ไซค์** 머떠싸이
- 자전거　　　　**จักรยาน** 짝끄라얀
- 2인승 자전거　**จักรยานสองที่นั่ง** 짝끄라얀 썽 티 낭
- 보증금　　　　**ค่ามัดจำ** 카 맛짬
- 시간표　　　　**ตารางเวลา** 따랑 웰라
- 지상철　　　　**รถไฟใต้ดิน** 롯 퐈이 따이 딘
- 지상철　　　　**รถไฟฟ้า** 롯 퐈이 퐈
- 지상철 노선도　**แผนที่เส้นทางรถไฟฟ้า**
　　　　　　　　팬티 쎈탕 롯 퐈이 퐈

도움이 되는 **활용어휘**

- 기차 **รถไฟ** 롯 퐈이
- 기차역 **สถานีรถไฟ** 싸타니 롯퐈이
- 기차표 **ตั๋วรถไฟ** 뚜어 롯퐈이
- 외국인 **คนต่างชาติ** 콘 땅찻
- 태국인 **คนไทย** 콘 타이
- 어른 **ผู้ใหญ่** 푸 야이
- 어린이 **เด็ก** 덱
- 매표소 **ที่ขายตั๋ว** 티 카이 뚜어
- 예매 **การจองส่วงหน้า** 깐 쩡 루엉 나
- 왕복 **ไปกลับ** 빠이 끌랍
- 플랫폼 **ชานชาลา** 찬 차라
- 특급열차 **รถไฟด่วนพิเศษ** 롯퐈이 두언 피쎗
- 급행열차 **รถไฟด่วน** 롯퐈이 두언
- 완행열차 **รถไฟธรรมดา** 롯퐈이 탐마다

초보여행자도 한번에 찾는다

기차

• 왕복열차	**รถไฟไปกลับ**	롯퐈이 빠이 끌랍
• 침대차	**รถไฟตู้นอน**	롯퐈이 뚜 넌
• 에어컨 침대차	**รถไฟตู้นอนปรับอากาศ**	
	롯퐈이 뚜 넌 쁘랍 아깟	
• 좌석차	**รถไฟนั่ง**	롯퐈이 낭
• 에어컨 좌석차	**รถไฟนั่งปรับอากาศ**	
	롯퐈이 낭 쁘랍 아깟	
• 차장	**กับตันรถไฟ**	깝딴 롯퐈이
• 출발역	**สถานีออกเดินทาง**	싸타니 억 든탕
• 종착역	**สถานีปลายทาง**	싸타니 쁠라이 탕

숙박

태국에는 저렴한 가격대의 도미토리부터 최고급 호텔까지 다양한
가격대의 숙박 시설이 있어 예산에 맞는 여행을 하기에 편리하다.

🏨 숙박시설

• 호텔 โรงแรม 롱램

호텔은 5개 등급으로 나눠진다.
등급은 별(★)로 표시되며 별 1개에서
최고급의 별 5개가 있다. 기본적으로 방에 TV, 에어컨,
샤워시설, 화장실 등이 구비되어 있으며 가격대에 따라
수영장과 피트니스 등의 시설이 있거나 없을 수 있다.

• 게스트하우스 เกสต์เฮาส์ 껫하우

저렴한 가격에 묵을 수 있는
게스트하우스로 1인실, 2인실,
3인실, 다인실 등이 있다.
다인실의 경우, 한 방에 침대를
여러 개 놓아 1인 1침대 형식의
도미토리이며 샤워시설과
화장실은 공용으로 사용하여야 한다. 한인이 운영하는 한인
게스트하우스의 경우는 여행 정보를 얻기가 용이하다.

• 콘도 **คอนโด** 컨도

1달 이상의 장기 여행자의 경우, 게스트하우스나 호텔에 묵는 것보다 우리나라 아파트 격인 콘도를 렌트하는 것이 비용 면에서 훨씬 유리하다. 방콕의 경우, 위치와 시설에 따라 월세는 6천 밧에서 2만 밧 이상까지 다양하다. 콘도 렌트 시 월세의 두 달치를 보증금으로 지불하며, 여러 달 묵는 경우 마지막 달의 월세 또한 계약할 때 보증금 명목으로 미리 지불하여야 한다.

• 리조트 **รีสอร์ท** 리쌋

산이나 해변, 섬 등 휴양지에는 가족 단위로 묵기 좋은 리조트들이 여럿 있다. 보통 큰 길 가에 위치해 있지 않으므로 미리 리조트 측으로 연락해 교통편을 요청하거나 자동차로 이동하여야 한다.

숙박

전 세계 관광객들이 즐겨 찾는 태국에는 300밧 대의
저렴한 도미토리부터 최고급 호텔까지 숙박 시설이

자주 쓰이는 표현_1

- 어떤 방을 원하십니까?
  쿤 떵깐 헝 뱁 나이

  # คุณต้องการห้องแบบไหน

···▶ 가격이 저렴한 방을 원합니다.
  폼/디찬 떵깐 헝 라카 툭

  # ผม/ดิฉันต้องการห้อง ราคาถูก

바꿔 말하기

- **큰 ใหญ่** 야이
- **조용한 ที่เงียบ** 티 응이얍
- **욕조가 있는 ที่มีอ่างน้ำ** 티 미 앙남
- **테라스 있는 ที่มีระเบียง** 티 미 라비앙

다양하여 선택의 폭이 넓다. 태국어로 호텔은 **โรงแรม** 롱램,
숙소는 **ที่พัก** 티 팍 이라 불린다.

자주 쓰이는 표현_2

> - 여기서 얼마나 묵으실 겁니까?
>   쿤 짜 팍 티니 난 타오라이
>
>   # คุณจะพักที่นี่นานเท่าไหร่
>
> ···▶ <u>하룻밤</u> 묵겠습니다.
>   팍 능 크
>
>   # พัก<u>หนึ่งคืน</u>

숙박

체크인

시설
이용

룸서
비스

체크
아웃

활용
어휘

바꿔 말하기

- 2박 3일   **3 วัน 2 คืน** 쌈 완 썽 큰

- 약 1주일   **ประมาณ 1 อาทิตย์** 쁘라만 능 아팃

113
왕초짜 여행 태국어

유용한 표현

▼ 방을 예약하려고 합니다.
폼/디찬 떵깐 쩡 헝팍

ผม/ดิฉันต้องการจองห้องพัก

▶ 싱글룸을 원하십니까, 아니면 더블룸을 원하십니까?
쿤 떵깐 헝 디여우 르 헝 쿠

คุณต้องการห้องเดี่ยวหรือห้องคู่

▼ 트리플룸으로 주세요.
폼/디찬 떵깐 헝 쌈 띠양

ผม/ดิฉันต้องการห้องสามเตียง

▼ 1박에 얼마입니까?
라카 떠 큰 타오라이

ราคาต่อคืนเท่าไหร่

▶ 여기에 며칠 묵으실 겁니까?
쿤 짜 팍 티니 끼 완

คุณจะพักที่นี่กี่วัน

▼ 3일 정도 묵을 겁니다.

팍 쁘라만 쌈 큰

พักประมาณ 3 คืน

▼ 방을 좀 볼 수 있을까요?

커 두 헝팍 다이 마이

ขอดูห้องพักได้ไหม

▼ 아침식사가 포함되어 있습니까?

루엄 아한 차오 마이

รวมอาหารเช้าไหม

▼ 침대를 추가할 수 있을까요?

커 띠양 씀 다이 마이

ขอเตียงเสริมได้ไหม

▼ 와이파이 비밀번호를 알려주십시오.

커 라핫 판 와이파이 너이

ขอรหัสผ่านไวไฟหน่อย

숙박

호텔을 예약할 때, 아침식사가 포함되지 않는 대신 좀
더 저렴한 가격으로 예약할 수 있다. 요즘은 비즈니스

 자주 쓰이는 표현_1

- 식당이 어디입니까?
  란 아한 유 티 나이

  ## ร้านอาหารอยู่ที่ไหน

⋯ 쭉 가다가 오른쪽으로 도십시오.
  뜨롱 빠이 래우 리여우 콰

  ## ตรงไปแล้วเลี้ยวขวา

바꿔 말하기

- 엘리베이터 **ลิฟต์** 립 • 헬스장 **ฟิตเนส** 핏넷
- 에스컬레이터 **บันไดเลื่อน** 반다이 르언
- 계단 **บันได** 반다이

센터라고 하여 별도의 로비에서 컴퓨터나 복사기, 팩스를 운영하는
곳도 많다.

자주 쓰이는 표현_2

- 더 필요하신 것이 있습니까?
  쿤 떵깐 아라이 익 마이

  คุณต้องการอะไรอีกไหม

···> 볼펜을 주십시오.
  커 빡까 너이

  ขอ ปากกา หน่อย

숙박

체크인

시설
이용

룸서
비스

체크
아웃

활용
어휘

바꿔 말하기

- 담요 **ผ้าห่ม** 파 홈
- 젓가락 **ตะเกียบ** 따끼얍

유용한 표현

▼ 여기 사우나가 있습니까?
티니 미 싸우나 마이

ที่นี่มีซาวน่าไหม

▶ 예, 3층에 있습니다.
미, 유 찬 쌈

มี อยู่ชั้นสาม

▼ 몇 시에 문을 엽니까?
쁫 끼 몽

เปิดกี่โมง

▶ 아침 6시에 엽니다.
쁫 혹몽차오

เปิด 6 โมงเช้า

▶ 아침 9시부터 저녁 6시까지 엽니다.
쁫 까오몽차오 틍 혹몽옌

เปิด 9 โมงเช้าถึง 6 โมงเย็น

▼ 세탁 서비스 있습니까?
미 버리깐 싹파 마이

มีบริการซักผ้าไหม

▶ 있습니다. 언제 필요하십니까?
미. 떵깐 므어라이

มี ต้องการเมื่อไหร่

▼ 지금이요.
떤니

ตอนนี้

▶ 그럼 옷을 가져 오세요.
응안 아오 쓰어 마 하이 너이

งั้นเอาเสื้อมาให้หน่อย

▼ 식당은 몇 시에 문을 엽니까?
란 아한 쁟 끼 몽

ร้านอาหารเปิดกี่โมง

숙박

호텔 등급과 가격에 따라 아침이 제공되는 경우가 있으나,
그렇지 않은 경우 출근 시간인 아침 6~7시부터 길거리

 자주 쓰이는 표현_1

- 무엇을 주문하겠습니까?
  쿤 짜 쌍 아라이

  คุณจะสั่งอะไร

···▶ 밥음밥으로 주십시오.
  커 카오 팟

  ขอข้าวผัด

바꿔 말하기

- 닭 튀김 **ไก่ทอด** 까이 텃   • 파파야 샐러드 **ส้มตำ** 쏨땀
- 죽   **ข้าวต้ม** 카오 똠   • 계란 후라이 **ไข่ดาว** 카이 다오

식당에서 아침식사가 가능하다. 혹은 24시간 패스트푸드점도 이용 가능하다.

자주 쓰이는 표현_2

- 무엇을 마시겠습니까?
  쿤 짜 듬 아라이

  # คุณจะดื่มอะไร

···→ 커피를 마시겠습니다.
  폼/디찬 짜 듬 까페

  # ผม/ดิฉันจะดื่ม กาแฟ

숙박

체크인

시설
이용

룸서
비스

체크
아웃

활용
어휘

바꿔 말하기

- 우유 **นม** 놈
- 홍차 **ชาดำ** 차 담
- 녹차 **ชาเขียว** 차 키여우
- 수박쉐이크 **แตงโมปั่น** 땡모 빤

유용한 표현

▼ 아침 5시에 모닝콜 좀 부탁드려도 될까요?
추어이 토 쁠룩 폼/디찬 떤 띠 하 다이 마이

ช่วยโทรปลุกผม/ดิฉันตอนตี5ได้ไหม

▼ 열쇠를 방에 놓고 왔습니다.
름 꾼째 와이 나이 헝

ลืมกุญแจไว้ในห้อง

▼ 샤워기에서 뜨거운 물이 안 나옵니다.
크르엉 탐 남운 마이 런

เครื่องทำน้ำอุ่นไม่ร้อน

▼ TV 신호가 없습니다.
티위 마이 미 싼얀

ทีวีไม่มีสัญญาณ

▼ 방을 청소해 주십시오.
추어이 탐콤싸앗 헝 너이

ช่วยทำความสะอาดห้องหน่อย

▼ 209호입니다.
형 썽쑨까오

ห้อง 209

▶ 룸서비스가 있습니다.
미 버리깐 쏭 아한 틍 헝팍

มีบริการส่งอาหารถึงห้องพัก

▶ 무엇을 도와드릴까요?
미 아라이 하이 추어이 마이

มีอะไรให้ช่วยไหม

▼ 맥주를 가져다 주세요.
커 비아 너이

ขอเบียร์หน่อย

▼ 얼마나 걸립니까?
차이 웰라 난 캐 나이

ใช้เวลานานแค่ไหน

숙박

체크인

시설
이용

룸서
비스

체크
아웃

활용
어휘

숙박

체크아웃은 보통 12시까지 해야 하며 별도로 요청하는
경우 조금 더 늦게 체크아웃 할 수도 있다. 미니 박스를

자주 쓰이는 표현_1

* 신용카드로 지불해도 됩니까?
  짜이 밧 크레딧 다이 마이

  จ่ายบัตรเครดิตได้ไหม

···▶ 네, 됩니다.
  다이

  ได้

바꿔 말하기

• 현금 **เงินสด** 응언 쏫 ・수표 **เช็ค** 첵

이용했거나 국제전화 또는 국내전화를 사용했으면 체크아웃 시 해당 이용 금액을 지불한다.

자주 쓰이는 표현_2

- 체크아웃을 하려고 합니다.
  폼/디찬 떵깐 쨈억

  ผม/ดิฉันต้องการแจ้งออก

···▶ 잠시만 기다려 주십시오.
  까루나 러 싹 크루

  กรุณารอสักครู่

바꿔 말하기

- 예약 **จอง** 쩡
- 취소 **ยกเลิก** 욕륵

유용한 표현

▼ 체크아웃은 몇 시에 해야 합니까?
폼/디찬 떵 쨍억 떤 끼몽

ผม/ดิฉันต้องแจ้งออกตอนกี่โมง

▶ 12시입니다.
티앙

เที่ยง

▼ 계산을 해주십시오.
롭꾸언 짜이 응언 너이

รบกวนจ่ายเงินหน่อย

▼ 영수증을 주십시오.
커 바이쎗 두어이

ขอใบเสร็จด้วย

▼ 12시까지 호텔에 가방을 보관할 수 있습니까?
꽉 끄라빠오 와이 티 롱램 틍 티앙 다이마이

ฝากกระเป๋าไว้ที่โรงแรม
ถึงเที่ยงได้ไหม

▼ 택시를 불러 주시겠습니까?
추어이 리약 택씨 하이 너이 다이 마이

ช่วยเรียกแท็กซี่ให้หน่อยได้ไหม

▼ 이것은 무슨 비용입니까?
미 카 아라이 방

มีค่าอะไรบ้าง

▶ 국제전화비용입니다.
카 토라쌉 빠이 땅쁘라텟

ค่าโทรศัพท์ไปต่างประเทศ

▼ 205호 방에 물건을 두고 나왔습니다.
름 컹 와이 티 형 썽쑨하

ลืมของไว้ที่ห้อง 205

▼ 하루 더 묵을 수 있습니까?
팍 픔 익 능 큰 다이 마이

พักเพิ่มอีก 1 คืนได้ไหม

도움이 되는 **활용어휘**

- 체크인 **เข้าพัก, เช็คอิน** 카오 팍, 첵인
- 예약 **การจอง** 깐쩡
- 예약확인 **ยืนยันการจอง** 이은얀 깐쩡
- 방 **ห้อง** 헝
- 침실 **ห้องนอน** 헝 넌
- 욕실 **ห้องอาบน้ำ** 헝 압남
- 화장실 **ห้องน้ำ** 헝 남
- 열쇠 **กุญแจ** 꾼째
- 직원 **พนักงาน** 파낙응안
- 지배인 **ผู้จัดการ** 푸 짯깐
- 책임자 **ผู้รับผิดชอบ** 푸 랍핏첩
- 싱글룸 **ห้องเดี่ยว** 헝 디여우
- 트윈룸 **ห้องคู่** 헝 쿠
- 트리플룸 **ห้องสามเตียง** 헝 쌈 띠양

초보여행자도 한번에 찾는다

체크인

- 호텔   **โรงแรม** 롱램
- 할인   **การลดราคา** 깐 롯 라카
- 성   **นามสกุล** 남싸꾼
- 이름   **ชื่อ** 츠
- 국적   **สัญชาติ** 싼찻
- 직업   **อาชีพ** 아칩
- 여권번호   **หมายเลขหนังสือเดินทาง**
  마이렉 낭쓰든탕
- 서명   **ลงนาม, เซ็นชื่อ** 롱 남. 쎈 츠
- 주소   **ที่อยู่** 티유
- 날짜   **วัน** 완
- 단체 여행객   **กลุ่มนักท่องเที่ยว** 끌룸 낙텅티여우

- 세탁소 **ร้านซักรีด** ^{란 싹릿}
- 세탁기 **เครื่องซักผ้า** ^{크르엉 싹파}
- 드라이 크리닝 **การซักแห้ง** ^{깐 싹행}
- 바지 **กางเกง** ^{깡껭}
- 치마 **กระโปรง** ^{끄라쁘롱}
- 겉옷 **เสื้อนอก** ^{쓰어 넉}
- 속옷 **เสื้อชั้นใน** ^{쓰어 찬 나이}
- 실크 **ผ้าไหม** ^{파마이}
- 단추 **กระดุม** ^{끄라둠}
- 이발 **การตัดผม** ^{깐 땃 폼}
- 면도 **การโกนหนวด** ^{깐 꼰 누엇}
- 염색 **การย้อมผม** ^{깐 염 폼}
- 파마 **การดัดผม** ^{깐 닷 폼}

시설이용

• 헬스클럽	**ฟิตเนส**	핏넷
• 수영장	**สระว่ายน้ำ**	싸 와이남
• 엘리베이터	**ลิฟต์**	립
• 커피숍	**ร้านกาแฟ**	란 까풰
• 가라오케	**คาราโอเกะ**	카라오께
• 술집	**ร้านเหล้า**	란 라오
• 상점	**ร้านค้า**	란 카
• 비즈니스센터	**ศูนย์บริการธุรกิจ**	쑨 버리깐 투라낏
• 사우나	**ซาวน่า**	싸우나
• 와이파이	**ไวไฟ**	와이퐈이
• 와이파이 비밀번호	**รหัสผ่านไวไฟ**	라핫 판 와이퐈이
• 인터넷	**อินเทอร์เน็ต, อินเตอร์เน็ต**	인터넷, 인떠넷

숙박

체크인

시설
이용

룸서
비스

체크
아웃

활용
어휘

- 룸 서비스   **บริการรูมเซอร์วิส** 버리깐 룸 써윗
- 전화   **โทรศัพท์** 토라쌉
- 아침식사   **อาหารเช้า** 아한 차오
- 수건   **ผ้าเช็ดตัว** 파 쳇 뚜어
- 비누   **สบู่** 싸부
- 샴푸   **ยาสระผม** 야 싸 폼
- 린스   **คอนดิชั่นเนอร์** 컨디찬너
- 칫솔   **แปรงสีฟัน** 쁘랭 씨 퐌
- 전동칫솔   **แปรงสีฟันไฟฟ้า** 쁘랭 씨 퐌 퐈이퐈
- 치약   **ยาสีฟัน** 야 씨 퐌
- 재떨이   **ที่เขี่ยบุหรี่** 티 키야 부리
- 컵   **แก้ว** 깨우
- 침대보   **ผ้าปูที่นอน** 파 뿌 티 넌
- 텔레비전   **โทรทัศน์** 토라탓

룸서비스·체크아웃

- 휴지 **กระดาษชำระ** 끄라닷 참라
- 객실 **ห้องพักโรงแรม** 헝팍 롱램
- 체크아웃 **แจ้งออก, เช็คอาวท์** 쨍 억, 첵아우
- 지불하다 **จ่ายเงิน** 짜이 응언
- 숙박비 **ค่าพัก** 카 팍
- 할인 **การลดราคา** 깐 롯 라카
- 서비스요금 **ค่าบริการ** 카 버리깐
- 합계 **จำนวนรวม** 짬누언 루엄
- 전화요금 **ค่าโทรศัพท์** 카 토라쌉
- 신용카드 **บัตรเครดิต** 밧 크레딧
- 여행자 수표 **เช็คเดินทาง** 첵 든탕
- 수표 **เช็ค** 첵
- 한화 **เงินเกาหลี** 응언 까올리
- 달러 **เงินดอลลาร์** 응언 던라

식 사

태국 음식은 요리 한 가지에서 단맛, 신맛, 쓴맛, 짠맛, 매운맛 5가지을 맛볼 수 있다고 하여 전 세계 미식가들의 사랑을 한 몸에 받고 있다. 특히 새우가 들어간 태국의 코코넛 수프 똠얌꿍은 세계 3대 수프로 명성이 자자하다. 태국은 크게 중부, 남부, 북부, 북동부 지방으로 구분하는데 음식 또한 각 지방의 특색과 기후에 따라 발전하였다.

★똠얌꿍

중부 지방 요리

비옥한 평야 지대인 중부 지방은 예로부터 쌀이 풍족하였고 바다와 인접하여 해산물 또한 쉽게 구할 수 있었다. 이로 인해 다양한 요리가 발전하였으며 한 가지 음식에서 여러 가지 맛을 맛볼 수 있다는 게 특징이다. 야채와 과일을 아름답게 조각하여 접시에 내보이는 것도 중부 지방에서 발전한 문화이다.

🚌 남부 지방 요리

해변과 접한 남부 지방은 예로부터 해산물이 주식이다. 또한 남부 지방에서 쉽게 볼 수 있는 캐슈넛, 타마린과 코코넛 밀크를 넣어 단 맛이 나는 음식이 많은 것이 특징이다.

🚌 북부 지방 요리

중남부 지방에 비해 기온이 낮은 북부 지방에는 야자수가 없어 요리에 코코넛 밀크를 넣지 않는 것이 특징이다. 그래서 단맛이 나는 음식이 적다. 또한 **แกง** 깽이라 불리는 스프 종류가 발달하였다.

🚌 북동부 지방 요리

อีสาน 이싼이라 불리는 북동부 지방은 다소 척박한 고지대로 농작물 재배가 쉽지 않다. 찹쌀밥을 주식으로 하며 주로 돼지고기나 생야채 등에 양념으로 젓갈류를 함께 즐겨 음식의 맛이 자극적이고 강하다.
이싼 지방의 대표 음식인 파파야 샐러드 **ส้มตำ** 쏨땀은 태국 전역에서 유명한 음식 중 하나이다.

📷 디저트 ของหวาน ^{컹완}

태국만의 다양한 디저트 문화가 발달해
있다. 망고 찹쌀밥, 코코넛 밀크를 넣어
만든 빵, 코코넛 밀크에 바나나를 넣어
먹는 일종의 요플레, 바나나 튀김,
바나나 구이, 코코넛 아이스크림,

우리나라의 팥빙수와 비슷한 간식까지 다양한 태국 디저트를
맛본다면 빠져나오기가 힘들 것이다.

📷 패스트푸드

맥도널드나 롯데리아 등 패스트푸드점이 대도시에 진출해
있어서 가벼운 식사를 할 수가 있다. 특히 방콕의 경우, 한국에
진출하지 않은 글로벌 패스트푸드 브랜드 또한 입점해 있어
선택권이 다양하다.

📷 한국음식점

각 도시의 한인 타운이나 중심 지역 등에 한국인이 운영하는
한국음식점이 많이 있다. 최근에는 태국인이 운영하는 한식당
프랜차이즈 또한 많이 생겼으나, 한국에서와 같은 상차림을
원한다면 한국인이 운영하는 곳을 가는 것을 추천한다.
레지던스에 묵는 경우, 대형 마트나 한국 식료품점에서 재료를
사 와 요리해 먹을 수도 있다.

🍴 양식

각 도시의 백화점, 쇼핑몰 또는
길거리에서 양식을 접할 수 있다.
가격은 100 บาท 밧부터 1,000
บาท밧 이상까지 다양하다.

🍴 중식, 일식

한인 타운에는 한국인이 운영하는 중국집이 있으며 중국인,
일본인 또는 태국인이 운영하는 중식당, 일식당이 많다. 특히
일식당의 경우 프랜차이즈화 되어 전국 어디를 가도 쉽게
찾아볼 수 있다.

🍴 길거리 음식점

태국에는 길거리에서 식사와 간식
거리를 파는 노점이 많아 저렴한 가격에
한 끼를 해결할 수 있다. 소시지나
닭튀김 등의 간식은 10 บาท 밧 부터 시작하며,
쌀국수나 볶음면 등의 요리는 35 บาท 밧 부터 시작한다.

식사

태국은 풍부한 재료를 활용한 다양한 먹거리가 발달해 있다. 음식 주문하는 표현을 사용하여 다양한 태국 음식을 맛보도록 하자!

 자주 쓰이는 표현_1

> • 몇 분 오셨습니까?
> 마 끼 탄
> # มากี่ท่าน
>
> ···→ 3명입니다.
> 쌈 콘
> ## 3 คน

바꿔 말하기

• 1명 **1 คน** 능 콘   • 2명 **2 คน** 썽 콘

보통 태국의 음식점을 가면 손님은 우선 일행 수에 맞는 자리를
내달라고 한다. 2명이면 **2 ที่** 썽 티 **2자리**, 3명이면 **3 ที่** 쌈 티 **3자리**와
같은 식으로 자리를 요구하면 된다.

`자주 쓰이는 표현_2`

- 주문 하셨습니까?
  쿤 쌍 아한 르 양

  # คุณสั่งอาหารหรือยัง

···▸ 아직요. 메뉴판을 주십시오.
  양. 커 메뉴 너이

  # ยัง ขอเมนูหน่อย

바꿔 말하기

- 제일 맛있는 음식 **อาหารที่อร่อยที่สุด** 아한 티 아러이 티 쑷

- 제일 매운 음식 **อาหารที่เผ็ดที่สุด** 아한 티 펫 티 쑷

- 닭고기 복음밥 **ข้าวผัดไก่** 카오팟 까이

▶ 주문하시겠습니까?
쿤 짜 쌍 아한 아라이 디

คุณจะสั่งอาหารอะไรดี

▼ 잠시만요, 아직 결정하지 못 했습니다.
러 싹 크루, 양 마이 다이 땃씬짜이

รอสักครู่ ยังไม่ได้ตัดสินใจ

▼ 특별한 요리가 있습니까?
미 아한 피쎗 아라이 방 마이

มีอาหารพิเศษอะไรบ้างไหม

▼ 요리를 추천해 주십시오.
쿤 미 아한 아라이 짜 내남 마이

คุณมีอาหารอะไรจะแนะนำไหม

▶ 그린 커리가 맛있습니다.
깽 키여우 완 아러이

แกงเขียวหวานอร่อย

▼ 실례합니다, 메뉴판 좀 보여주십시오.
커톳, 커 두 메누 너이

ขอโทษ ขอดูเมนูหน่อย

▼ 이 음식은 어떻게 먹습니까?
아한 니 낀 양라이

อาหารนี้กินอย่างไร

▼ 물 한 잔 주십시오.
커 남쁠라오 깨우 능

ขอน้ำเปล่าแก้วหนึ่ง

▼ 취소시켜도 됩니까?
커 욕륵 너이 다이 마이

ขอยกเลิกหน่อยได้ไหม

▼ 음료수는 무엇이 있습니까?
미 남듬 아라이 방

มีน้ำดื่มอะไรบ้าง

식사

태국에는 맥도날드, 버거킹, KFC, 피자헛 뿐 아니라 다양한
글로벌 프랜차이즈 패스트푸드점이 진출해 있다.

자주 쓰이는 표현_1

• 안녕하세요. 주문 가능합니다.
싸왓디, 쌍 다이 러이

สวัสดี สั่งได้เลย

···▶ 햄버거 한 개와 콜라 한 잔 주세요.
커 햄버꺼 능 친 깝 콕 깨우 능

ขอแฮมเบอร์เกอร์ 1 ชิ้น
กับโค้กแก้ว 1

바꿔 말하기

• 치즈버거   เบอร์เกอร์ชีส   버꺼 칫

• 샌드위치   แซนด์วิช   쌘윗

• 피자   พิซซ่า   핏싸

초보여행자도 한번에 찾는다

🙂 자주 쓰이는 표현_2

• 그 밖에 더 필요하신 것이 있습니까?
떵깐 아라이 픔 마이

ต้องการอะไรเพิ่มไหม

···▶ 스푼을 좀 많이 주세요.
커 천 여어

ขอช้อนเยอะๆ

바꿔 말하기

• 티슈 **ทิชชู่** 팃츄

• 버터 **เนย** 너이

• 잼 **แยม** 옘

유용한 표현

▼ 샌드위치와 커피 한 잔 주십시오.
커 쌘윗 친 능 래 까페 싹 깨우

ขอแซนด์วิชชิ้นหนึ่งและกาแฟสักแก้ว

▶ 여기서 드시겠습니까, 아니면 가져가시겠습니까?
탄 티 니 르 아오 끌랍 반

ทานที่นี่หรือเอากลับบ้าน

▼ 가져가겠습니다.
아오 끌랍 반

เอากลับบ้าน

▼ 여기서 먹을 겁니다.
낀 티 니

กินที่นี่

▶ 맛있게 드십시오.
탄 하이 아러이 나

ทานให้อร่อยนะ

144
초보여행자도 한번에 찾는다

▼ 실례합니다. 빨대 있습니까?
커톳, 미 럿 마이

ขอโทษ มีหลอดไหม

▼ 티슈를 좀 더 주십시오.
커 팃추 익 너이

ขอทิชชู่อีกหน่อย

▼ 2명 자리 있습니까?
미 티 낭 쌈랍 썽 티 마이

มีที่นั่งสำหรับ 2 ที่ไหม

▶ 현재 빈 자리가 없습니다.
떤니 마이 미 티 왕

ตอนนี้ไม่มีที่ว่าง

▶ 잠깐만 기다려 주십시오.
까루나 러 싹 크루

กรุณารอสักครู่

식사

태국의 식당은 후불제이나 백화점 내 푸드코트의 경우에는
선불 카드에 돈을 우선 충전한 후, 음식과 음료를 구입

자주 쓰이는 표현_1

• 모두 얼마지요?

탕못 라카 타오라이

ทั้งหมดราคาเท่าไหร่

···▶ 모두 <u>260밧</u>입니다.

탕못 썽 러이 혹 씹 밧

ทั้งหมด 260 บาท

바꿔 말하기

• 70밧   **เจ็ดสิบบาท**   쩻 씹 밧

• 210밧   **สองร้อยสิบบาท**   썽 러이 씹 밧

하여 먹을 수 있다. 패스트푸드점이나 프랜차이즈 카페의 경우에도
선불제이다.

자주 쓰이는 표현_2

> 무엇이 포함된 가격입니까?
> 라카 루엄 아라이 방
>
> # ราคารวมอะไรบ้าง

···▸ 세금 포함입니다.
라카 루엄 파씨

ราคารวมภาษี

바꿔 말하기

- 서비스금액   **ค่าบริการ**   카 버리깐
- 음료수값   **ค่าน้ำดื่ม**   카 남듬

유용한 표현

▼ 계산서 좀 갖다 주십시오.
커 빈 너이
ขอบิลหน่อย

▶ 네, 잠시만 기다리십시오.
크랍/카, 까루나 러 싹 크루
ครับ/ค่ะ กรุณารอสักครู่

▼ 이것은 하나에 얼마입니까?
니 안 라 라카 타오라이
นี่อันละราคาเท่าไหร่

▼ 신용카드로 계산해도 됩니까?
짜이 밧 크레딧 다이 마이
จ่ายบัตรเครดิตได้ไหม

▼ 계산서를 볼 수 있습니까?
커 두 빈 너이 다이 마이
ขอดูบิลหน่อยได้ไหม

▶ 물론이죠.
다이 러이

ได้เลย

▼ 계산을 잘못 해주셨습니다.
쿤 첵 빈 핏

คุณเช็คบิลผิด

▼ 이 음식은 취소했는데요.
욕륵 아한 니 래우

ยกเลิกอาหารนี้แล้ว

식사

안내
주문

패스트
푸드점

계산

활용
어휘

▼ 이 음식은 시킨 적이 없습니다.
마이 커이 쌍 아한 니

ไม่เคยสั่งอาหารนี้

▶ 고맙습니다. 또 오십시오.
컵쿤. 오깟 나 촌 마이

ขอบคุณ โอกาสหน้าเชิญใหม่

도움이 되는 **활용어휘**

• 태국요리	**อาหารไทย**	아한 타이
• 서양요리	**อาหารฝรั่ง**	아한 퐈랑
• 한국요리	**อาหารเกาหลี**	아한 까올리
• 해산물	**อาหารทะเล**	아한 탈레
• 음식점	**ร้านอาหาร**	란 아한
• 주문하다	**สั่ง**	쌍
• 아침식사	**อาหารเช้า**	아한 차오
• 점심식사	**อาหารเที่ยง**	아한 티앙
• 저녁식사	**อาหารเย็น**	아한 옌
• 육류	**เนื้อ**	느어
• 생선	**ปลา**	쁠라
• 과일	**ผลไม้**	폰라마이
• 물	**น้ำเปล่า**	남 쁠라오
• 따뜻한 물	**น้ำอุ่น**	남 운
• 술	**เหล้า**	라오
• 차	**ชา**	차

• 메뉴판	**เมนู**	메누
• 종업원	**พนักงาน**	파낙응안
• 사장	**เจ้าของร้าน**	짜오컹 란
• 야채	**ผัก**	팍
• 티슈	**ทิชชู่**	틋추
• 젓가락	**ตะเกียบ**	따끼얍
• 숟가락	**ช้อน**	천
• 포크	**ซ้อม**	썸
• 칼	**มีด**	밋
• 컵	**แก้ว**	깨우
• 접시	**จาน**	짠
• 국그릇	**ถ้วย**	투어이
• 이쑤시개	**ไม้จิ้มฟัน**	마이 찜 판
• 재떨이	**ที่เขี่ยบุหรี่**	티 키야 부리
• 물수건	**ผ้าเย็น**	파 옌

• 햄버거	**แฮมเบอร์เกอร์**	햄버꺼
• 피자	**พิซซ่า**	핏싸
• 빵	**ขนมปัง**	카놈 빵
• 샌드위치	**แซนด์วิช**	쌘윗
• 핫도그	**ฮอทดอก**	헛덕
• 샐러드	**สลัด**	쌀랏
• 햄	**แฮม**	햄
• 케이크	**ขนมเค้ก**	카놈 켁
• 케첩	**ซ้อส**	썻
• 치즈	**เนยแข็ง**	너이 캥
• 버터	**เนย**	너이
• 잼	**แยม**	옘
• 커피	**กาแฟ**	까풰
• 콜라	**โค้ก**	콕
• 오렌지주스	**น้ำส้ม**	남 쏨

패스트푸드점 · 계산

• 홍차	**ชาดำ**	차 담
• 녹차	**ชาเขียว**	차 키여우
• 사이다	**สไปรท์**	싸쁘라잇
• 밀크쉐이크	**นมปั่น**	놈 빤
• 요구르트	**นมเปรี้ยว**	놈 쁠리여우
• 우유	**นม**	놈
• 두유	**น้ำเต้าหู้**	남 따오후
• 계산서	**บิล**	빈
• 카운터	**เคาน์เตอร์**	카우떠
• 서비스요금	**ค่าบริการ**	카 버리깐
• 팁	**ค่าทิป**	카 팁
• 신용카드	**บัตรเครดิต**	밧 크레딧
• 현금	**เงินสด**	응언 쏫
• 거스름돈	**เงินทอน**	응언 턴
• 영수증	**ใบเสร็จ**	바이 쎗

식사

안내
주문

패스트
푸드점

계산

활용
어휘

쇼핑

태국은 전 세계 관광객들이 즐겨 찾는 관광대국인 만큼 쇼핑 거리가 잘 조성되어 있다. 기념품으로는 실크, 수공예품, 말린 과일, 커피, 야동 휴대용 아로마 향 스틱으로 맡으면 코가 뻥 뚫리는 느낌이 든다, 아로마 제품 등이 인기가 있다.

🐸 백화점 ห้างสรรพสินค้า 항 쌉파씬카

태국에는 각 도시마다 백화점, 쇼핑몰 또는 마트가 있어 시민들이 그 내부에서 쇼핑과 식사를 함께 하는 것을 볼 수 있다. 수도인 방콕의 경우에는 크고 작은 백화점과 쇼핑몰이 여기저기에 세워져 있는데, 특히나 방콕의 명동이라 불리는 싸얌 สยาม 지역이 유명하다. 싸얌에는 싸얌 파라곤, 싸얌 센터, 싸얌 디스커버리, MBK, 센트럴 월드 등 대형 백화점들이 있으며, 맞은편의 옷가게, 식당, 카페와 함께 저녁에는 시장이 열리는 싸얌 스퀘어라는 구역도 볼만하다.

🐼 시장 ตลาด 딸랏

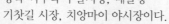

태국에는 셀 수 없이 많은 시장
들이 전국에서 열리고 있다. 그
중에서도 특히 유명한 시장은
방콕 짜뚜짝 주말시장, 매끌렁
기찻길 시장, 치앙마이 야시장이다.
방콕 짜뚜짝 주말시장은 태국 최대 규모의 시장으로 워낙
규모가 커 길을 잃기 쉬운지라 한 번 마음에 든 물건은
바로 구입하여야 한다.
방콕 근교 매끌렁 역 앞 기찻길에 위치한 매끌렁 기찻길
시장은 기차가 지나갈 때마다 가게를 닫고, 기차가 지나가면
다시 가게를 열어 위험한 시장이라 불리며 관광객들의
주목을 받고 있다.

🐼 아시아티크 เอเชียทีค 에치아틱

짜오프라야 강변에 위치한 현대식 대형 야시장. 이 곳은
태국 쭐라롱껀 대왕이 유럽 국가와의 물자 교류를 위하여
덴마크와 협력 관계를 맺으면서 이를 위해 덴마크 소유
회사 East Asiatic 의 수출항이 만들어졌던 곳으로, 2012년에
현재의 모습으로 재탄생하며 새로운 관광지로 각광받고
있다.

쇼 핑

방콕, 치앙마이, 푸켓 등의 대도시에는 대형 백화점과 쇼핑몰을 찾기가 쉽고 관광객이 이용하기에 편리하다. 단, 백화점이나 쇼핑몰 내에서도 식당, 패스트푸드점의 경우에는

 자주 쓰이는 표현_1

- 무엇을 원하십니까?
  쿤 떵깐 아라이

  # คุณต้องการอะไร

…▸ <u>그냥 보는 겁니다.</u>
  두 처이처이

  # ดูเฉยๆ

바꿔 말하기

- 이것 좀 보여주세요. **ขอดูอันนี้หน่อย** 커 두 안 니 너이

- 친구에게 줄 선물을 사고 싶은데요.
  อยากซื้อของขวัญให้เพื่อน 약 쓰 컹관 하이 프언

카드 결제는 불가할 수 있다. 백화점에서는 정찰제를 실시하지만 쇼핑몰의 경우엔 할인이 가능한 곳도 있다. 태국의 경우 연말에 백화점에서 대규모 할인 행사가 이루어진다.

자주 쓰이는 표현_2

- **특산품은 어디에 있습니까?**
  팔릿타판 피쎗 유 티 나이

  ## ผลิตภัณฑ์พิเศษอยู่ที่ไหน

...▶ 저쪽에 있습니다.
유 티 논

อยู่ที่โน่น

쇼핑

백화점
옷/신발
시장
활용
어휘

바꿔 말하기

- **공예품** สินค้าศิลปหัตถกรรม 씬카 씰라빠 핫타깜
- **화장품** เครื่องสำอาง 크르엉 쌈앙

유용한 표현

▼ 3층에는 무엇이 있습니까?
찬 쌈 미 아라이 방
ชั้น 3 มีอะไรบ้าง

▶ 여성복이 있습니다.
미 쓰어 푸잉
มีเสื้อผู้หญิง

▼ 구두 매장은 몇 층에 있습니까?
란 렁타오 유 찬 나이
ร้านร้องเท้าอยู่ชั้นไหน

▼ 입어봐도(신어봐도) 됩니까?
커 렁 싸이 안 니 다이 마이
ขอลองใส่อันนี้ได้ไหม

▼ 엘리베이터(에스컬레이터)는 어디에 있습니까?
립(반다이 르언) 유 티 나이
ลิฟต์(บันไดเลื่อน)อยู่ที่ไหน

▼ 너무 비쌉니다.
팽 끈 빠이

แพงเกินไป

▼ 할인 해 주실 수 있습니까?
롯 라카 너이 다이 마이

ลดราคาหน่อยได้ไหม

▶ 여기서는 깎아드릴 수가 없습니다.
티 니 롯 라카 마이 다이

ที่นี่ลดราคาไม่ได้

▼ 아쉽군요.
씨야다이 짱

เสียดายจัง

▼ 나중에 다시 오겠습니다.
와이 크라우 나 짜 마 마이

ไว้คราวหน้าจะมาใหม่

쇼핑

백화점
옷/신발
시장
활용
어휘

쇼핑

태국의 물가는 한국보다 저렴한 편이지만, 글로벌
브랜드나 백화점에 입점한 상품의 경우 한국과 가격이

자주 쓰이는 표현_1

- 무엇을 원하세요?
  쿤 떵깐 아라이

  # คุณต้องการอะไร

···▸ 바지를 보여 주십시오.
  커 두 깡껭 너이

  # ขอดูกางเกงหน่อย

바꿔 말하기

- 치마　**กระโปรง** 끄라쁘롱
- 가죽구두　**รองเท้าหนัง** 렁타오 낭
- 모자　**หมวก** 무억
- 립스틱　**ลิปสติก** 립싸띡

비슷하니 가격을 잘 따져보고 구입하여야 한다.

🐸 `자주 쓰이는 표현_2`

- 다른 <u>색깔</u>을 보여 주세요.
  커 두 씨 은 너이

  # ขอดูอื่นหน่อย

- ⋯ 잠깐만 기다리십시오.
  까루나 러 싹 크루

  # กรุณารอสักครู่

바꿔 말하기

- 모양   **แบบ**   뱁
- 치수   **ขนาด**   카낫
- 회사제품 **ของยี่ห้อ**   컹 이허

유용한 표현

▼ 컨택트 렌즈를 착용해 보고 싶습니다.
약 싸이 컨택렌

อยากใส่คอนแทคเลนส์

▼ 어떤 색깔이 있습니까?
미 씨 아라이 방

มีสีอะไรบ้าง

▼ 입어봐도 됩니까?
커 렁 싸이 안 니 다이 마이

ขอลองใส่อันนี้ได้ไหม

▼ 저는 태국의 옷 치수를 모릅니다.
마이 쌉 카낫 쓰어 파 나이 타이

ไม่ทราบขนาดเสื้อผ้าในไทย

▼ 조금 더 큰 사이즈 있습니까?
미 카낫 야이 꽈 니 마이

มีขนาดใหญ่กว่านี้ไหม

▼ 탈의실이 어디입니까?
헝 렁 쓰어 유 티 나이

ห้องลองเสื้ออยู่ที่ไหน

▶ 이것은 어떻습니까?
쿤 킷 와 안 니 뻰 양 라이

คุณคิดว่าอันนี้เป็นอย่างไร

▼ 너무 길군요. / 너무 짧군요.
야우 끈 빠이 / 싼 끈 빠이

ยาวเกินไป / สั้นเกินไป

▼ 아주 예쁩니다.
쑤어이 막

สวยมาก

▼ 제가 입을 것이 아닙니다.
마이 차이 쌈랍 폼 / 디찬

ไม่ใช่สำหรับผม/ดิฉัน

쇼핑

태국 시장에는 갖가지 다양한 물건들과 음식을 파는 것으로 유명하다. 대표적인 시장으로는 방콕 짜뚜짝

자주 쓰이는 표현_1

- 여기에 <u>코코넛 주스</u>가 있습니까?

  티 니 미 남 마프라우 마이

  ### ที่นี่มีน้ำมะพร้าวไหม

  ⋯▶ 있습니다.

  미

  ### มี

바꿔 말하기

- **수박** **แตงโม** 땡모
- **도자기** **เครื่องเซรามิค** 크르엉 쎄라믹
- **골동품** **โบราณวัตถุ** 보란 왓투
- **망고** **มะม่วง** 마무엉

주말시장, 매끌렁 기찻길 시장, 암파와 수상시장, 치앙마이 야시장,
치앙마이 일요시장 등이 있다.

자주 쓰이는 표현_2

- 이것은 무엇으로 만들었습니까?

  안 니 탐 마 짝 아라이

  # อันนี้ทำมาจากอะไร

···▸ 그것은 실크로 만들었습니다.

  탐 마 짝 파 마이

  # ทำมาจาก ผ้าไหม

쇼 핑

백화점
옷/신발
시장
활용
어휘

바꿔 말하기

- 은 **เงิน** 응언
- 금 **ทอง** 텅

- 나무 **ไม้** 마이
- 면 **ผ้าฝ้าย** 파 퐈이

유용한 표현

▼ 이것은 진품 맞습니까?
안 니 컹 태 르 쁠라오
อันนี้ของแท้หรือเปล่า

▶ 진품입니다.
안 니 컹 태
อันนี้ของแท้

▶ 가품입니다.
안 니 컹 쁠럼
อันนี้ของปลอม

▼ 조금 더 싼 것은 없습니까?
미 라카 툭 꽈 니 마이
มีราคาถูกกว่านี้ไหม

▶ 죄송합니다, 지금은 없습니다.
커톳, 떤 니 마이 미
ขอโทษ ตอนนี้ไม่มี

▶ 벌써 다 팔렸습니다.
카이 못 끌리양 래우

ขายหมดเกลี้ยงแล้ว

▼ 또 다른 것이 있습니까?
미 뱁 은 익 마이

มีแบบอื่นอีกไหม

▼ 좀 보여 주시겠습니까?
커 두 너이 다이 마이

ขอดูหน่อยได้ไหม

쇼핑

백화점

옷/신발

시장

활용
어휘

▶ 잠깐만 기다리십시오.
러 뺍 능

รอแปปนึง

▼ 선물용으로 포장해 주실 수 있습니까?
추어이 허 뻰 컹관 하이 너이 다이 마이

ช่วยห่อเป็นของขวัญให้หน่อยได้ไหม

도움이 되는 **활용어휘**

- 특산품　**ผลิตภัณฑ์พิเศษ** ^{팔릿타판 피쎗}
- 문구점　**ร้านขายเครื่องเขียน** ^{란 카이 크르엉 키얀}
- 슈퍼마켓　**ซุปเปอร์มาร์เก็ต** ^{쑵뻐마껫}
- 시장　**ตลาด** ^{딸랏}
- 백화점　**ห้างสรรพสินค้า** ^{항 쌉파씬카}
- 도매　**การขายส่ง** ^{깐 카이 쏭}
- 소매　**การขายปลีก** ^{깐 카이 쁠릭}
- 시계수리　**การซ่อมนาฬิกา** ^{깐 썸 나리까}
- 구두수선　**การซ่อมรองเท้า** ^{깐 썸 렁타오}
- 식료품　**เครื่องบริโภค** ^{크르엉 버리폭}
- 장신구　**เครื่องประดับ** ^{크르엉 쁘라답}
- 점원　**พนักงาน** ^{파낙응안}
- 견본　**ตัวอย่าง** ^{뚜어 양}
- 선물　**ของขวัญ** ^{컹콴}

백화점

• 화장품	**เครื่องสำอาง**	크르엉 쌈앙
• 가정용품	**เครื่องใช้ภายในบ้าน**	크르엉 차이 파이 나이 반
• 국산품	**สินค้าในประเทศ**	씬카 나이 쁘라텟
• 수입품	**สินค้านำเข้า**	씬카 남 카오
• 비디오테이프	**เทปโทรทัศน์**	텝 토라탓
• 옷	**เสื้อ, เสื้อผ้า**	쓰어, 쓰어 파
• 양복	**ชุดสากล, สูท**	춧 싸껀, 쑷
• 바지	**กางเกง**	깡껭
• 치마	**กระโปรง**	끄라쁘롱
• 넥타이	**เนคไท**	넥타이
• 구두	**รองเท้า**	렁 타오
• 양말	**ถุงเท้า**	퉁 타오
• 벨트	**เข็มขัด**	켐 캇
• 가방	**กระเป๋า**	끄라빠오
• 손수건	**ผ้าเช็ดมือ**	파 쳇 므

쇼 핑

백화점
옷/신발
시장
활용
어휘

도움이 되는 **활용어휘**

- 색깔 **สี** ^씨
- 회색 **สีเทา** ^{씨 타오}
- 흰색 **สีขาว** ^{씨 카오}
- 검정색 **สีดำ** ^{씨 담}
- 빨간색 **สีแดง** ^{씨 댕}
- 노란색 **สีเหลือง** ^{씨 르엉}
- 보라색 **สีม่วง** ^{씨 무엉}
- 초록색 **สีเขียว** ^{씨 키여우}
- 파란색 **สีน้ำเงิน** ^{씨 남응언}
- 하늘색 **สีฟ้า** ^{씨 퐈}
- 갈색 **สีน้ำตาล** ^{씨 남딴}
- 크기 **ขนาด** ^{카낫}
- 치수 **ขนาด, ไซส์** ^{카낫, 싸이}
- 모양 **แบบ** ^뱁
- 길이 **ความยาว** ^{쾀 아우}

옷 / 신발 / 시장

- 공예품 **สินค้าศิลปหัตถกรรม** 씬카 씬라빠 핫타깜
- 옥 **หยก** 욕
- 면 **ผ้าฝ้าย** 파 퐈이
- 실크 **ผ้าไหม** 파 마이
- 가죽 **หนัง** 낭
- 그림 **ภาพ** 팝
- 사진 **ภาพถ่าย, รูปถ่าย** 팝 타이, 룹 타이
- 도자기 **เครื่องเซรามิค** 크르엉 쎄라믹
- 인형 **ตุ๊กตา** 뚝까따
- 진주 **ไข่มุก** 카이묵
- 반지 **แหวน** 왠
- 목걸이 **สร้อยคอ** 써이 커
- 귀걸이 **ตุ้มหู** 뚬 후
- 금 **ทอง** 텅
- 은 **เงิน** 응언

관광

태국은 수도인 방콕 뿐 아니라 고대 왕국의
수도였던 아유타야, 수코타이 등 찬란한 문명을
엿볼 수 있는 관광지들이 많다.

🛂 관광명소

• 왕궁 **วัดพระแก้ว** 왓 프라깨우

국왕의 제사를 치르는 왕실 수호 사원인 왕궁은 본당에 안치된
에메랄드 불상이 유명해 에메랄드 사원 **วัดพระแก้ว**라
불린다. 국왕이 1년에 3번 직접 에메랄드 불상의 옷을
갈아입히는 의식을 진행하며, 다른 사원과는 달리 승려가
거주하지 않는다.

• 왓 포 **วัดโพธิ์** 왓 포

왕궁 남쪽에 위치한 방콕에서 가장 오래된 아유타야
양식의 사원이다. 태국 최초로 대학 교육이 행해진 곳이며
사원 내 와불상과 마사지 학교가 특히 유명하다.

- 새벽 사원 **วัดอรุณราชวราราม** <small>왓 아룬 랏차워라람</small>

  새벽 햇빛을 받으면 탑의 유리와 도자기 장식이 형형색색으로 빛난다 하여 새벽 사원이라 이름 지어졌다. 짜오프라야 강변에 위치해 있으며 태국 **10บาท** 밧 동전에 새겨질 정도로 유명하다.

- 짜뚜짝 시장 **ตลาดจตุจักร** <small>딸랏 짜뚜짝</small>

  방콕 북부 지역에 위치한 태국 최대 규모의 재래시장으로 주말 오전부터 오후 4~5시까지 열린다. 총 27개의 구역으로 나뉘어져 있으며, 구역마다 음식, 옷, 골동품, 수공예품, 기념품, 인테리어 장식품, 애완동물 등 판매 하는 것이 달라진다.

- 카오산 로드 **ถนนข้าวสาร** <small>타논 카오싼</small>

  방콕 왕궁과 가까운 위치에 형성된 여행자거리로 저렴한 게스트하우스, 중급 호텔, 인터넷 카페, 길거리 식당, 레스토랑, 바, 클럽, 마사지 샵, 기념품점 등이 모여 있어 늘 활기찬 모습이다.

🗨 관광안내

관광안내 책자나 시내지도, 교통지도 등은 각 도시의 공항이나 역, 버스터미널 주변에서 구할 수 있다. 또 가판대나 작은 기념 상점 안에는 그 도시의 안내책자, 크고 작은 지도 등이 있다.

관광

태국인은 외국인에게 거부감이 없고 친절하니 관광하다 길을
잃었다면 망설이지 말고 공손히 길을 물어보도록 하자.

자주 쓰이는 표현_1

• 어느 곳에 가고 싶습니까?

약 빠이 티 나이

อยากไปที่ไหน

··· 왕궁 에메랄드 사원 에 가고 싶습니다.

약 빠이 왓 프라깨우

อยากไป วัดพระแก้ว

바꿔 말하기

• 새벽 사원 **วัดอรุณฯ** 왓 아룬　• 왓 포 **วัดโพธิ์** 왓 포

• 수코타이 역사공원　**อุทยานประวัติศาสตร์สุโขทัย**
　　　　　　　　　　우타얀 쁘라왓띠쌋 쑤코타이

■■■■ 관광안내 ■■■■

태국은 전국 각지에 가볼만한 관광지와 휴양지가 많다.

자주 쓰이는 표현_2

- 유람선을 탈 수 있습니까?

  큰 르어 텅 티여우 다이 마이

  ขึ้นเรือท่องเที่ยวได้ไหม

⋯▶ 물론이지요.

  다이

  ได้

관광
안내

관광지

관광
버스

활용
어휘

바꿔 말하기

- 말을 타다 **ขี่ม้า** 키 마
- 표를 사다 **ซื้อตั๋ว** 쓰 뚜어
- 전화를 걸다 **ต่อโทรศัพท์** 떠 토라쌉
- 사진을 찍다 **ถ่ายรูป** 타이 룹

175
왕초짜 여행 태국어

관광

 `자주 쓰이는 표현_3`

- 언제(몇 시에) 문을 엽니까?
  쁜 끼 몽

  # เปิดกี่โมง

… ▸ 오전 10시에 엽니다.
  쁜 떤 씹 몽 차오

  # เปิดตอน 10 โมงเช้า

바꿔 말하기

• 오후 1시	บ่ายโมง	바이 몽
• 오후 3시	บ่าย 3 โมง	바이 쌈 몽

자주 쓰이는 표현_4

- 시내지도를 주십시오.
커 팬티 므엉 너이

ขอแผนที่เมืองหน่อย

···▶ 네, 잠깐만 기다리십시오.
크랍/카, 까루나 러 싹 크루

ครับ/ค่ะ กรุณารอสักครู่

관광

관광
안내

관광지

관광
버스

활용
어휘

바꿔 말하기

- **교통** **การจราจร** 깐 짜라쩐 ・**지상철 รถไฟฟ้า** 롯 퐈이 퐈

- **지하철 รถไฟใต้ดิน** 롯 퐈이 따이 딘

- **관광** **การท่องเที่ยว** 깐 텅 티여우

유용한 표현

▼ 갈만한 관광지 좀 소개해 주십시오.
커 내남 싸탄티 텅 티여우 나 빠이 너이

ขอแนะนำสถานที่ท่องเที่ยวน่าไปหน่อย

▶ 룸피니 공원을 추천합니다.
내남 쑤언 룸피니

แนะนำสวนลุมพินี

▼ 유명한 사원이 어디에 있습니까?
왓 티 미 츠 씨양 유 티 나이 방

วัดที่มีชื่อเสียงอยู่ที่ไหนบ้าง

▼ 어느 곳의 풍경이 좋습니까?
위우 티 나이 쑤어이

วิวที่ไหนสวย

▶ 왓 아룬새벽 사원의 풍경이 정말 아름답습니다.
위우 왓 아룬 쑤어이 응암 막

วิววัดอรุณฯสวยงามมาก

▼ 시내 지도 한 장 주십시오. 어느 곳의 풍경이 가장 아름답습니까?
커 팬티 므엉 능 바이. 위우 티 나이 쑤어이 티 쑷

ขอแผนที่เมือง 1 ใบ
วิวที่ไหนสวยที่สุด

▶ 모두 비슷합니다. 푸 카오 텅황금산에 가세요.
클라이 클라이 깐.　　　빠이 푸 카오 텅 터

คล้ายๆกัน ไปภูเขาทองเถอะ

▼ 거기서 배를 탈 수 있습니까?
큰 르어 짝 티 난 다이 마이

ขึ้นเรือจากที่นั่นได้ไหม

▼ 여기서 어떻게 갑니까?
빠이 양 라이 짝 티 니

ไปอย่างไรจากที่นี่

▶ 375번 버스를 타세요.
빠이 큰 롯메 싸이 쌈 쨋 하

ไปขึ้นรถเมล์สาย 375

관광

관광지에서의 음식값과 기념품값은 비싸며 외국인은
바가지와 소매치기의 대상이 되기 쉬우므로 주의해야 한다.

자주 쓰이는 표현_1

▪ 입장료는 얼마입니까?
카 버리깐 판 카오 타오 라이

ค่าบริการผ่านเข้าเท่าไหร่

···▶ 500밧입니다.
하 러이 밧

500 บาท

바꿔 말하기

• 어린이 입장료 **ค่าบริการผ่านเข้าสำหรับเด็ก**
카 버리깐 판 카오 쌈랍 덱

• 외국인 입장료 **ค่าบริการผ่านเข้าสำหรับชาวต่างชาติ**
카 버리깐 판 카오 쌈랍 차우 땅 찻

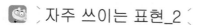 **자주 쓰이는 표현_2**

- 언제 문을 닫습니까?
  쁟 떤 나이

ปิดตอนไหน

...➤ 오후 5시에 닫습니다.
쁟 하 몽 옌

ปิด **5 โมงเย็น**

관광

관광
안내

관광지

관광
버스

활용
어휘

바꿔 말하기

- 오후 3시　**บ่าย 3 โมง** 바이 쌈 몽
- 일요일　**วันอาทิตย์** 완 아팃
- 매주 수요일 **ทุกวันพุธ** 툭 완 풋
- 저녁 7시 **1 ทุ่ม** 능 툼

유용한 표현

▼ 어른표 두 장 주세요.
커 뚜어 푸 야이 썽 바이 너이
ขอตั๋วผู้ใหญ่ 2 ใบหน่อย

▼ 기념품은 어디에서 팝니까?
컹 티 라륵 카이 티 나이
ของที่ระลึกขายที่ไหน

▼ 여기는 어디입니까?
티 니 티 나이
ที่นี่ที่ไหน

▼ 길 안내 좀 해 주십시오.
추어이 내남 탕 너이
ช่วยแนะนำทางหน่อย

▼ 화장실이 어디입니까?
헝 남 유 티 나이
ห้องน้ำอยู่ที่ไหน

초보여행자도 한번에 찾는다

▼ 누가 살던 곳입니까?
크라이 커이 아싸이 유 티 니

ใครเคยอาศัยอยู่ที่นี่

▼ 저것은 무엇입니까?
논 아라이

โน่นอะไร

▼ 사진을 찍어도 됩니까?
타이 룹 다이 마이

ถ่ายรูปได้ไหม

▼ 사진 한 장만 찍어주시겠습니까?
타이 룹 하이 너이 다이 마이

ถ่ายรูปให้หน่อยได้ไหม

▼ 한 장 더 찍어주세요.
커 타이 룹 익 크랑

ขอถ่ายรูปอีกครั้ง

관광

관광
안내

관광지

관광
버스

활용
어휘

관광

관광지가 교외에 위치해 있거나 교통이 불편하여 개별로
이동하기 어려운 경우, 여행사 일일상품을 이용하여

자주 쓰이는 표현_1

- 몇 시에 <u>출발합니까?</u>
  억 끼 몽

  ออกกี่โมง

···▸ 저녁 6시에 출발합니다.
  억 혹 몽 옌

  ออก 6 โมงเย็น

바꿔 말하기

| • 끝나다 | เสร็จ | 쎗 |
| • 돌아오다 | กลับ | 끌랍 |

효율적으로 관광할 수 있다.

자주 쓰이는 표현_2

■ <u>기념품 살</u> 시간이 있습니까?
미 웰라 쓰 컴 티 라륵 마이

มีเวลา ซื้อของที่ระลึก ไหม

···▶ 있습니다.
미

มี

관광

관광
안내

관광지

관광
버스

활용
어휘

바꿔 말하기

- 사진 찍다 **ถ่ายรูป** 타이 룹
- 식사 **ทานอาหาร**
- 화장실 가다 **ไปห้องน้ำ**

- 개인 **ส่วนตัว** 쑤언 뚜어

  탄 아한

  빠이 헝남

유용한 표현

▼ 어떤 투어 프로그램이 있습니까?
미 쁘로끄램 투어 뱁 나이 방

มีโปรแกรมทัวร์แบบไหนบ้าง

▶ 1일 프로그램이 있습니다.
미 쁘로끄램 투어 능 완

มีโปรแกรมทัวร์ 1 วัน

▼ 식비와 입장료가 포함입니까?
루엄 카 아한 래 카 카오 르

รวมค่าอาหารและค่าเข้าหรือ

▶ 아니요. 별도로 내야 합니다.
마이. 떵 짜이 픔

ไม่ ต้องจ่ายเพิ่ม

▼ 또 다른 프로그램도 있습니까?
미 쁘로끄램 투어 익 뱁 능 마이

มีโปรแกรมทัวร์อีกแบบหนึ่งไหม

▼ 어디에서 몇 시에 출발합니까?
억 떤 나이 래 티 나이

ออกตอนไหนและที่ไหน

▼ 버스에 몇 시까지 돌아오면 됩니까?
떵 끌랍 마 롯 메 틍 므어라이

ต้องกลับมารถเมล์ถึงเมื่อไหร่

▶ 12시까지 돌아오면 됩니다.
끌랍 틍 티앙 꺼 다이

กลับถึงเที่ยงก็ได้

관광

관광
안내

관광지

관광
버스

활용
어휘

▼ 여기에서 얼마나 머뭅니까?
라오 짜 유 티 니 난 캐 나이

เราจะอยู่ที่นี่นานแค่ไหน

▼ 들어가지 않아도 됩니까?
마이 카오 다이 마이

ไม่เข้าได้ไหม

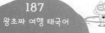

도움이 되는 **활용어휘**

• 여행	**การท่องเที่ยว** 깐 텅 티여우
• 견학	**การทัศนศึกษา** 깐 탓싸나 쓱사
• 하루코스	**โปรแกรมหนึ่งวัน** 쁘로끄램 능 완
• 일일 여행 코스	**โปรแกรมทัวร์เต็มวัน** 쁘로끄램 투어 뗌 완
• 반나절 여행 코스	**โปรแกรมทัวร์ครึ่งวัน** 쁘로끄램 투어 크릉 완
• 1박 이상 (며칠) 여행 코스	**โปรแกรมทัวร์รายวัน** 쁘로끄램 투어 라이 완
• 미술관	**พิพิธภัณฑ์ศิลปะ** 피피타판 씬라빠
• 박물관	**พิพิธภัณฑ์** 피피타판
• 기념비	**อนุสาวรีย์** 아누싸와리
• 식물원	**สวนพฤกษา** 쑤언 프륵싸
• 동물원	**สวนสัตว์** 쑤언 쌋
• 극장	**โรงละคร** 롱 라컨
• 영화관	**โรงหนัง, โรงภาพยนตร์** 롱 낭, 롱 팝파욘
• 음악당	**หอแสดงดนตรี** 허 싸댕 돈뜨리

초보여행자도 한번에 찾는다

• 박람회	**นิทรรศการ** 니탓싸깐	
• 전람회	**นิทรรศการ** 니탓싸깐	
• 연주회	**งานแสดงดนตรี, คอนเสิร์ต** 응안 싸댕 돈뜨리, 컨쏫	
• 유적지	**ซากโบราณสถาน** 싹 보란 싸탄	
• 유적	**ซากโบราณวัตถุ** 싹 보란 왓투	
• 명승고적	**โบราณสถานที่งดงาม** 보란 싸탄 티 응옷 응암	
• 고산족	**ชาวเขา** 차우 카오	
• 공원	**สวน** 쑤언	
• 절	**วัด** 왓	
• 산	**ภูเขา** 푸 카오	
• 강	**แม่น้ำ** 메 남	
• 바다	**ทะเล** 탈레	
• 운하	**คลอง** 클렁	
• 폭포	**น้ำตก** 남 똑	
• 온천	**น้ำแร่** 남 래	
• 마을	**หมู่บ้าน** 무 반	

도움이 되는 **활용어휘**

- 관광안내소   **ศูนย์ข้อมูลการท่องเที่ยว**
  쑨 커문 깐 텅 티여우
- 가이드   **ไกด์** 까이
- 안내책자   **หนังสือแนะนำเที่ยว** 낭쓰 내남 티여우
- 구입하다   **ซื้อ** 쓰
- 매표소   **ที่ขายตั๋ว** 티 카이 뚜어
- 입장권   **บัตรผ่านเข้า** 밧 판 카오
- 만원   **คนเต็มคน** 콘 뗌 콘
- 개관시간   **เวลาเปิดบริการ** 웰라 쁟 버리깐
- 폐관시간   **เวลาปิดบริการ** 웰라 삗 버리깐
- 엽서   **โปสการ์ด** 뽓깟
- 카메라   **กล้องถ่ายรูป** 끌렁 타이 룹
- 사진   **ภาพถ่าย, รูปถ่าย** 팝 타이, 룹 타이

관광지

• 공중전화	**โทรศัพท์สาธารณะ**	토라쌉 싸타라나
• 화장실	**ห้องน้ำ**	헝 남
• 경찰서	**สถานีตำรวจ**	싸타니 땀루엇
• 병원	**โรงพยาบาล**	롱 파야반
• 어른	**ผู้ใหญ่**	푸 야이
• 어린이	**เด็ก**	덱
• 청소년	**เยาวชน**	야오와촌
• 중고등학생	**นักเรียน**	낙리얀
• 대학생	**นักศึกษา**	낙쓱싸
• 외국인	**คนต่างประเทศ, ชาวต่างชาติ** 콘 땅쁘라텟, 차우 땅찻	
• 단체	**กลุ่ม**	끌룸
• 개인	**ส่วนตัว**	쑤언 뚜어

여흥

태국에서 여흥을 즐기는 방법은 다양하다. 태국의 전통 문화를 엿볼 수 있는 무에이타이 쇼와 싸얌 나라밋 쇼를 즐길 수 있으며, 티파니 쇼, 알카자 쇼와 칼립소 쇼 등 게이 쇼도 인기 있다. 노래방이나 가라오케 등도 대도시에서 성업 중이다.

🎭 무에타이 มวยไทย   무어이 타이

전세계적으로 유명한 무에타이는 가능한 신체의 모든 부위를 사용하여 상대와 맞서는 태국의 전통 격투 스포츠이다. 경기 시작 전 전통 음악에 맞춰 경기장 주위를 돌며 복을 비는 의미의 와이 크루라는 춤을 추는 것이 특징이며 오랜 세월 전해져 온 전통이면서 여전히 태국인에게 사랑받는 스포츠이다.

방콕 도심의 룸피니 경기장이나 랏차담는 경기장에서 무에타이 경기를 관람 가능하며, 아시아 티크에서는 무에타이 라이브 쇼를 통해 공연과 경기를 함께 관람할 수 있다.

🖼️ 싸얌 니라밋(Siam Niramit) สยามนิรมิต

싸얌 니라밋

태국 예술과 문화를 한 눈에 볼 수 있는 공연으로 방콕 도심의 전용 공연장에서 펼쳐진다. 100명 이상의 출연자들이 500벌 이상의 복장을 착용하여 고대 란나 왕국과 아유타야 왕국 등 각 지역별 역사와 발전 문화, 태국의 전통 신앙, 축제 등을 화려하게 표현한다.

공연장과 함께 조성되어 있는 태국 전통마을을 관람한 후 공연을 즐길 수 있으며, 저녁 뷔페 여부를 선택하여 입장권 구매가 가능하다.

🖼️ 게이 쇼

방콕 칼립소 쇼, 파타야의 알카자 쇼와 티파니 쇼 등 트랜스 젠더가 출연해 화려한 공연을 펼치는 게이 쇼가 유명하다. 이 중 가장 오래된 쇼는 1974년부터 지속되어 온 티파니 쇼이다.

🖼️ 클럽, 바

요즈음은 밤이면 젊은이들이 모여 뜨거운 열기를 발산하는 클럽과 바가 여러 곳 성업 중이다. 주말 밤이면 입추의 여지가 없이 붐빈다. 방콕의 경우 텅러와 에까마이, 치앙마이의 경우 님만해민이 제일 인기 있는 지역이다.

여흥

싸얌 니라밋은 100명 이상의 출연진들이 500벌 이상의 태국 전통 복장을 갈아입으며 열연을 펼치는 화려한 공연이다.

 자주 쓰이는 표현_1

▪ 전통 공연에 관심이 있으십니까?
쿤 쏜짜이 나이 깐 싸댕 쁘라페니 마이

คุณสนใจใน
การแสดงประเพณีไหม

⋯▶ 관심 있습니다.
쏜짜이

สนใจ

바꿔 말하기

• 영화 **หนัง** 낭   • 음악 **เพลง** 플랭

• 연극 **ละคร** 라컨   • 무에타이 **มวยไทย** 무어이타이

자주 쓰이는 표현_2

• 재미있습니까?
싸눅 마이

สนุกไหม

··· 너무 재미있습니다.
싸눅 막

สนุกมาก

바꿔 말하기

• 못 알아듣겠습니다. **ฟังไม่เข้าใจ** 퐝 마이 카오 짜이

• 별로 재미없습니다. **ไม่ค่อยสนุก** 마이 커이 싸눅

유용한 표현

▼ 어디에서 무에타이를 볼 수 있습니까?
두 무어이 타이 다이 티 나이

ดูมวยไทยได้ที่ไหน

▶ 룸피니 무에타이 경기장에서 볼 수 있습니다.
싸맛 두 티 싸남 무어이 룸피니 다이

สามารถดูที่สนามมวยลุมพินีได้

▼ 지금 무엇이 공연되고 있습니까?
떤 니 싸댕 르엉 아라이 유

ตอนนี้แสดงเรื่องอะไรอยู่

▼ 좌석을 예약하려고 합니다.
폼/디찬 떵깐 쩡 뚜어

ผม/ดิฉันต้องการจองตั๋ว

▼ 며칠까지 공연합니까?
싸댕 틍 완 나이

แสดงถึงวันไหน

▼ 몇 시에 공연이 시작합니까?
깐 싸댕 름 끼 몽

การแสดงเริ่มกี่โมง

▼ 당일표가 아직 남아 있습니까?
완 니 양 미 뚜어 르어 마이

วันนี้ยังมีตั๋วเหลือไหม

▶ 없습니다. 이미 다 팔렸습니다.
마이 미. 카이 못 끌리양 래우

ไม่มี ขายหมดเกลี้ยงแล้ว

▼ 표는 얼마입니까?
뚜어 라카 타오라이

ตั๋วราคาเท่าไหร่

▶ 좌석마다 가격이 틀립니다.
라카 마이 타오 깐 나이 때 라 티 낭

ราคาไม่เท่ากันในแต่ละที่นั่ง

여흥

날씨가 따뜻한 태국에서는 축구, 조깅 등을 제외하고는
주로 실내에서 운동을 즐기는 모습을 볼 수 있다. 태국에서는
축구의 인기가 매우 높아 프리미어리그가 열리는 날이면

 자주 쓰이는 표현_1

- 운동을 좋아하십니까?
  쿤 첩 억 깜랑 까이 마이

  คุณชอบออกกำลังกายไหม

···› 아주 좋아합니다.
  첩 막

  ชอบมาก

바꿔 말하기

- 축구 **ฟุตบอล** 풋번
- 탁구 **ปิงปอง** 삥뻥
- 배드민턴 **แบดมินตัน** 뱃민딴
- 볼링 **โบว์ลิ่ง** 보링

대형 텔레비전이 설치된 술집에서 맥주를 마시며 축구 경기를 보는
태국인의 모습을 볼 수 있다. 각 지역 별 축구 클럽도 많다.

자주 쓰이는 표현_2

- 호텔 안에 <u>수영장</u>이 있습니까?
  나이 롱램 미 싸 와이 남 마이

  # ในโรงแรมมีสระว่ายน้ำไหม

···▷ 있습니다.
미

มี

바꿔 말하기

- 볼링장   **สนามโบว์ลิ่ง** 싸남 보링
- 골프장   **สนามกอล์ฟ** 싸남 껍

▼ 호텔 안에 어떤 운동 시설이 있습니까?
나이 롱램 미 씽 암누어이 쾀 싸두억 아라이 방

ในโรงแรมมีสิ่งอำนวยความสะดวกอะไรบ้าง

▶ 수영장과 테니스장이 있습니다.
미 싸 와이 남 래 싸남 텐닛

มีสระว่ายน้ำและสนามเทนนิส

▼ 수영장은 어디에 있습니까?
싸 와이 남 유 티 나이

สระว่ายน้ำอยู่ที่ไหน

▼ 몇 시부터 몇 시까지 문을 엽니까?
쁟 땅때 끼 몽 틍 끼 몽

เปิดตั้งแต่กี่โมงถึงกี่โมง

▶ 아침 6시부터 저녁 10시까지 영업합니다.
쁟 땅때 혹 몽 차오 틍 씨 툼

เปิดตั้งแต่ 6 โมงเช้าถึง 4 ทุ่ม

▼ 옷은 어디에 보관합니까?
팍 쓰어 파 티 나이

ฝากเสื้อผ้าที่ไหน

▼ 입장료는 얼마입니까?
카 카오 타오라이

ค่าเข้าเท่าไหร่

▼ 볼링장은 한 시간에 얼마입니까?
싸남 보링 추어몽 라 타오라이

สนามโบว์ลิ่งชั่วโมงละเท่าไหร่

▶ 한 사람당 30밧입니다.
콘 라 쌈씹 밧

คนละ 30 บาท

▼ 신발을 빌릴 수 있습니까?
커 이음 렁타오 너이 다이 마이

ขอยืมรองเท้าหน่อยได้ไหม

도움이 되는 **활용어휘**

- 공연   **การแสดง** ^{깐 싸댕}
- 무에타이   **มวยไทย** ^{무어이 타이}
- 서커스   **กายกรรม** ^{까이야 깜}
- 마술   **เวทมนต์คาถา** ^{웻몬 카타}
- 무술   **ศิลปะการป้องกันตัว** ^{씬라빠 깐 뻥깐 뚜어}
- 영화   **หนัง, ภาพยนตร์** ^{낭, 팝파욘}
- 연극   **ละคร** ^{라컨}
- 뮤지컬   **ละครร้อง** ^{라컨 렁}
- 오페라   **โอเปร่า** ^{오뻬라}
- 연주   **การเล่นดนตรี** ^{깐 렌 돈뜨리}
- 남자주연   **พระเอก** ^{프라 엑}
- 여자주연   **นางเอก** ^{낭 엑}
- 감독   **ผู้กำกับ** ^{푸 깜깝}
- 대사   **บทสนทนา** ^{봇 쏜타나}
- 극장   **โรงละคร** ^{롱 라컨}
- 영화관   **โรงหนัง, โรงภาพยนตร์**
  ^{롱 낭, 롱 팝파욘}
- 무대   **เวที** ^{웨티}
- 좌석   **ที่นั่ง** ^{티 낭}
- 박수   **การตบมือ** ^{깐 똡 므}

공연 · 스포츠

• 운동	**การออกกำลังกาย**	깐 억 깜랑 까이
• 스포츠	**กีฬา**	낄라
• 축구	**ฟุตบอล**	풋번
• 탁구	**ปิงปอง**	삥뻥
• 농구	**บาสเกตบอล**	밧껫번
• 배구	**วอลเลย์บอล**	원레번
• 야구	**เบสบอล**	벳번
• 볼링	**โบว์ลิ่ง**	보링
• 골프	**กอล์ฟ**	껍
• 당구	**บิลเลียด**	빈리얏
• 수영	**ว่ายน้ำ**	와이 남
• 스키	**สกี**	싸끼
• 스케이트	**สเก็ต**	싸껫
• 테니스	**เทนนิส**	텐닛
• 배드민턴	**แบดมินตัน**	뱃민딴
• 승마	**การขี่ม้า**	깐 키 마
• 육상	**กีฬาทางบก**	낄라 탕 복
• 마라톤	**การวิ่งทน**	깐 윙 톤
• 체조	**กายบริหาร**	까이 버리한

여흥

공연

스포츠

활용

어휘

203
왕초짜 여행 태국어

전 화

한국으로 전화를 걸 때는 호텔이나 게스트하우스의 객실, 인터넷 카페, 한인 숙박업소, 우체국에서 또는 공중전화를 이용하여 국제전화를 걸 수 있다.

🔲 국제전화

- **한국 직통 전화**

  태국에서 한국으로 전화할 때 일반 전화, 호텔 전화, 공중 전화 등으로 직접 연결하거나, 호텔이나 한인 숙박업소 등에서 전화번호를 기입하여 신청하면 된다. 요금은 발신자 부담이다.

  ▸▸ 국제 자동 전화 International Subscriber Dialing

국제전화 접속코드	▸	국가번호 82	▸	국내 지역번호	▸	전화번호

  호텔 내의 외선번호를 통해서 다이얼 직접통화로 국제 전화를 걸거나 시내의 카드전화나 휴대폰으로도 가능하다.

★ 태국에서 한국 서울의 123-4567로 걸 때

00 + 82 + 2 + 123 - 4567

| 국제전화
서비스번호 | 한국 | 서울 | 전화번호 |

▸ 국제전화 접속코드 서비스번호 00,001,004,005,006,007,008,009
▸ 국내 지역 국번의 '0'은 사용하지 않음
▸ 서울 : 02 ⇨ 2 / 부산 : 051 ⇨ 51 / 인천 : 032 ⇨ 32

★ 태국에서 한국 핸드폰 1234-5678로 걸 때

00 + 82 + 10 + 1234 - 5678

| 국제전화
서비스번호 | 한국 | 통신사 | 핸드폰번호 |

▸ 통신사 번호의 '0'은 사용하지 않음
▸ 010 ⇨ 10

🈁 태국 국내통화

태국에는 공중전화가 있기는 하지만 관광객들은 공중
전화를 이용하기 보다는 호텔, 게스트하우스, 한인 숙박
업소, 인터넷 카페 등의 전화를 이용한다.
또는 공항이나 시내 통신사 매장에서 태국 휴대폰 유심
칩을 구입하여 자신의 스마트폰에 설치한 후, 태국 현지
인터넷을 개통하여 인터넷 전화를 이용할 수 있다.

전화

태국에서 한국으로 국제전화를 걸 때 직통으로 걸 수도
있고, 스마트폰 채팅 어플리케이션 내 무료 전화를 이용하여

자주 쓰이는 표현_1

• 한국으로 전화를 걸려고 합니다.
폼/디찬 약 짜 토라쌉 빠이 까올리

ผม/ดิฉันอยากจะ
โทรศัพท์ไปเกาหลี

···▶ 네. 전화번호가 어떻게 됩니까?
크랍/카. 버 토 아라이

ครับ/ค่ะ เบอร์โทรอะไร

바꿔 말하기

• 캄보디아	กัมพูชา, เขมร	깜푸차, 카멘
• 싱가포르	สิงคโปร์	씽카뽀
• 라오스	ลาว	라오

초보여행자도 한번에 찾는다

걸 수도 있다. 직통으로 걸 때는 호텔 객실 내의 전화나 공중전화를
통해 국제전화 접속코드(00)+국가번호(82)+국내 지역번호+전화번호
순으로 걸면 된다.

 `자주 쓰이는 표현_2`

- <u>외국에</u> 전화하려면 어떻게 합니까?
  토 빠이 땅 쁘라텟 양 라이

  # โทรไป ต่างประเทศ อย่างไร

···▶ 001과 국가번호를 누릅니다.
꼿 쑨 쑨 능 래 라핫 쁘라텟

กด 001 และรหัสประเทศ

전화

국제
전화

활용
어휘

바꿔 말하기

- 한국　　**ประเทศเกาหลี**　쁘라텟 까올리
- 태국　　**ประเทศไทย**　　쁘라텟 타이

유용한 표현

▼ 전화카드는 어디에서 삽니까?
쓰 밧 토라쌉 티 나이

ซื้อบัตรโทรศัพท์ที่ไหน

▼ 국제전화카드는 어디에서 삽니까?
쓰 밧 토라쌉 라왕 쁘라텟 티 나이

ซื้อบัตรโทรศัพท์
ระหว่างประเทศที่ไหน

▼ 공중전화는 어디에 있습니까?
토라쌉 싸타라나 유 티 나이

โทรศัพท์สาธารณะอยู่ที่ไหน

▶ 요금을 누가 부담하시겠습니까?
크라이 뻰 푸 짜이 카 토라쌉

ใครเป็นผู้จ่ายค่าโทรศัพท์

▼ 콜렉트 콜로 하겠습니다.
커 껩 카 토라쌉 깝 푸 랍

ขอเก็บค่าโทรศัพท์กับผู้รับ

▼ 천천히 말씀해 주십시오.

까루나 풋 차 차 너이

กรุณาพูดช้าๆหน่อย

▶ 상대방 전화번호와 전화 거시는 분 성함을
말씀해 주십시오.

커 쌉 츠 래 버 티 쿤 떵깐 토 빠이

ขอทราบชื่อและ
เบอร์ที่คุณต้องการโทรไป

▼ 전화번호는 2649-1234이고 저는 김인랑입니다.

버 썽 혹 씨 까오 능 썽 쌈 씨 래 폼/디찬 츠 인랑 킴

เบอร์ 2649-1234
และผม/ดิฉันชื่ออินลังคิม

▶ 잠시만 기다리십시오. 통화 중입니다.

까루나 트 싸이 러 싹 크루. 싸이 마이 왕

กรุณาถือสายรอสักครู่ สายไม่ว่าง

▶ 나중에 다시 걸어주십시오.

롭꾸언 토 마 익 티 랑

รบกวนโทรมาอีกทีหลัง

전화

국제
전화

활용
어휘

유용한 표현

▼ 이 전화는 어떻게 사용합니까?
토라쌉 니 차이 양 라이
โทรศัพท์นี้ใช้อย่างไร

▼ 인터넷 전화를 사용하고 싶습니다.
약 짜 토 판 넷
อยากจะโทรผ่านเน็ต

▼ 보증금이 필요합니까?
떵깐 응언 맛짬 마이
ต้องการเงินมัดจำไหม

▼ 저는 태국어를 못합니다.
폼/디찬 풋 파싸 타이 마이 뻰
ผม/ดิฉันพูดภาษาไทยไม่เป็น

▼ 한국어 할 줄 아시는 분이 있습니까?
미 콘 티 풋 파싸 까올리 다이 마이
มีคนที่พูดภาษาเกาหลีได้ไหม

▼ 한국의 국가번호는 몇 번 입니까?
라핫 토라쌉 컹 쁘라텟 까올리 크 아라이

รหัสโทรศัพท์ของ
ประเทศเกาหลีคืออะไร

▼ 잘 안 들립니다.
마이 다이 인

ไม่ได้ยิน

▼ 조금 더 크게 말씀해 주시겠습니까?
까루나 풋 씨양 당 꽈 니 다이 마이

กรุณาพูดเสียงดังกว่านี้ได้ไหม

▼ 다시 한 번 말씀해 주십시오.
추어이 풋 익 크랑 다이 마이

ช่วยพูดอีกครั้งได้ไหม

▼ 인터넷 신호가 좋지 않습니다.
싼얀 넷 마이 디

สัญญาณเน็ตไม่ดี

도움이 되는 **활용어휘**

- 전화　　　　　**โทรศัพท์** 토라쌉
- 시내전화　　　**โทรศัพท์ในเมือง** 토라쌉 나이 므엉
- 장거리전화　　**โทรศัพท์ทางไกล** 토라쌉 탕 끌라이
- 국제전화　　　**โทรศัพท์ระหว่างประเทศ**
　　　　　　　　토라쌉 라왕 쁘라텟
- 콜렉트 콜　　　**โทรศัพท์เก็บเงินปลายทาง**
　　　　　　　　토라쌉 껩 응언 쁠라이 탕
- 공중전화　　　**โทรศัพท์สาธารณะ** 토라쌉 싸타라나
- 전화박스　　　**ตู้โทรศัพท์** 뚜 토라쌉
- 내선전화　　　**โทรศัพท์ภายใน** 토라쌉 파이 나이
- 외부전화　　　**โทรศัพท์ภายนอก** 토라쌉 파이 넉
- 전화기　　　　**เครื่องโทรศัพท์** 크르엉 토라쌉
- 휴대전화　　　**โทรศัพท์มือถือ** 토라쌉 므 트

국제전화

- 전화카드 **บัตรโทรศัพท์** 밧 토라쌉
- 통화 중 **สายไม่ว่าง** 싸이 마이 왕
- 부재중 **ไม่อยู่** 마이 유
- 혼선 **การมีสายพันกัน** 깐 미 싸이 판 깐
- 전화비 **ค่าโทรศัพท์** 카 토라쌉
- 전화번호 **เบอร์โทรศัพท์** 버 토라쌉
- 지역번호 **รหัสเบอร์โทรศัพท์ของจังหวัด**
  라핫 버 토라쌉 컹 짱왓

전화

국제
전화

활용
어휘

긴 급

물건을 분실, 도난당하였거나 병이 나는 등의 돌발사고가 일어났을 때는 바로 즉시 상황에 따라 경찰이나 병원 등지에 찾아간다. 언어에 자신이 없는 사람은 가이드 또는 한국대사관이나 총영사관 등 한국어가 통하는 곳에 연락하여 도움을 받도록 한다.

🧭 분실 ของหาย 컹 하이

태국의 치안은 안전한 편이나 시장이나 유흥가 등 사람들이 많이 모여 혼잡한 곳에서 외국인 여행객을 노린 강도나 소매치기 등이 발생하고 있다.

- ▸ 귀중품은 가지고 다니지 말자. 꼭 가지고 가야할 때는 여러 곳에 분산시켜서 눈에 띄지 않도록 주의를 한다.
- ▸ 관광지나 복잡한 거리 주변에서 관심을 끄는 인물을 경계하라.
- ▸ 가방을 열어둔 채로 스마트폰 등 값비싼 물건을 넣어두지 않는다.
- ▸ 화장실이나 공중전화에서는 가방이나 핸드백을 몸 가까이에 둔다.
- ▸ 여권, 항공권, 신용카드, 여행자수표 등은 반드시 복사해 두거나 번호를 따로 적어 둔다.

🗨 약 ยา 야

약을 복용하여야 하는 경우, 반드시 병원이나 약국에서
처방을 받거나 시내 드럭 스토어에서 약사에게 안내를
받은 후 제품을 구입하도록 한다. 대형 사립 병원은 대부분
한국어 또는 영어 통역이 지원되나 외국인은 의료비가
비싸다.

🗨 화장실 ห้องน้ำ 헝 남

호텔, 레스토랑, 백화점, 쇼핑몰 등에서 무료로 이용가능하며
청결하다. 일부 쇼핑몰이나 유적지, 버스 터미널 등의
공중화장실에서는 3บาท 밧정도의 요금을 내고 화장실을
이용하여야 하며 티슈를 별도로 구매하여야 한다.

🗨 긴급전화 เบอร์สายด่วน 버 싸이두언

- 경찰, 긴급신고 **191** / 관광경찰 **1155**

- 화재 **199**/구급센터 **1669** / 도난신고 **1192**

- 한국대사관-방콕 **66-2-247-7537~39**

- 한국대사관-방콕 비상연락처 (당직전화)
  66-81-914-5803
  66-2-247-7540(영사관)

긴급

즐거운 여행만을 생각하다 불미스러운 일을 당하게 되면
적지 않은 당황과 조급함으로 여행을 망치기가 쉽다.

자주 쓰이는 표현_1

• 왜 그러십니까? (무슨 일이 생겼습니까?)

끋 아라이 큰 깝 쿤

เกิดอะไรขึ้นกับคุณ

⋯ 여권을 분실했습니다.

낭쓰 든탕 하이

หนังสือเดินทางหาย

바꿔 말하기

• 시계 **นาฬิกา**   나리까   • 가방 **กระเป๋า**   끄라빠오

• 지갑 **กระเป๋าสตางค์**   끄라빠오 싸땅

• 수첩 **สมุดบันทึก**   싸뭇 반특

초보여행자도 한번에 찾는다

만약을 위해 한국대사관 등 중요한 연락처를 메모해 두고
여권번호, 신용카드 등의 복사본을 따로 적어 두는 것이 좋다.

 `자주 쓰이는 표현_2`

- 어디에서 잃어버렸습니까?
  하이 티 나이
  # หายที่ไหน

···▶ 어디에서 잃어버렸는지 모르겠습니다.
  짬 마이 다이 와 만 하이 티 나이
  ## จำไม่ได้ว่ามันหายที่ไหน

바꿔 말하기

- 택시 안에 두고 내렸습니다. **ลืมไว้ในรถแท็กซี่**
  름 와이 나이 롯 택씨

- 도난을 당한 것 같습니다. **คิดว่าอาจถูกขโมยไป**
  킷 와 앗 툭 카모이 빠이

긴급

분실
도난

질병

활용
어휘

유용한 표현

▼ 분실 신고는 어떻게 합니까?
싸맛 쨍 컹 하이 다이 양 라이

สามารถแจ้งของหายได้อย่างไร

▶ 한국대사관에 가보세요.
빠이 싸탄툿 까올리

ไปสถานทูตเกาหลี

▼ 경찰서가 어디 있습니까?
싸타니 땀루엇 유 티 나이

สถานีตำรวจอยู่ที่ไหน

▼ 혹시 제 지갑 못 보셨습니까?
쿤 헨 끄라빠오 싸땅 컹 폼/디찬 마이

คุณเห็นกระเป๋าสตางค์ของ
ผม/ดิฉันไหม

▼ 물건 찾는 걸 도와주십시오.
추어이 하 컹 두어이

ช่วยหาของด้วย

▼ 가방을 도둑맞았습니다.
툭 카모이 끄라빠오

ถูกขโมยกระเป๋า

▶ 어떤 가방입니까?
끄라빠오 뱁 나이

กระเป๋าแบบไหน

▶ 안에 무엇이 들어있습니까?
나이 끄라빠오 미 아라이 방

ในกระเป๋ามีอะไรบ้าง

▶ 먼저 경찰서에 신고를 하고 한국대사관에 연락을 취하십시오.
쨍 티 싸타니 땀루엇 래우 띳 떠 싸탄툿 까올리

แจ้งที่สถานีตำรวจแล้ว
ติดต่อสถานทูตเกาหลี

▼ 찾으면 바로 연락 주십시오.
하 래우 립 띳 떠 하이 폼/디찬 두어이

หาแล้วรีบติดต่อให้ผม/ดิฉันด้วย

긴급

분실
도난

질병

활용
어휘

긴급

태국여행 중 음식 때문에 질병에 걸리는 일은 별로 없지만
종종 상한 음식이나 날것을 먹거나 과음으로 고생을 하는

 자주 쓰이는 표현_1

• 어디가 불편하십니까?
쿤 마이 싸바이 르 쁠라오

คุณไม่สบายหรือเปล่า

···→ 목이 아픕니다.
폼/디찬 뿌엇 커

ผม/ดิฉันปวดคอ

바꿔 말하기

• 이빨	**ฟัน** 판	• 머리	**หัว** 후어
• 배	**ท้อง** 텅	• 허리	**เอว** 에우

경우가 있다. 비상의약품은 미리 한국에서 준비해 가도록 하자.

자주 쓰이는 표현_2

- 병원이 어디 있습니까?

  롱 파야반 유 티 나이

  โรงพยาบาล อยู่ที่ไหน

···> 저와 함께 가시죠. 데려다 드릴게요.

빠이 프럼 깐. 폼/디찬 짜 파 빠이 하이

**ไปพร้อมกัน
ผม/ดิฉันจะพาไปให้**

긴급

분실
도난

질병

활용
어휘

바꿔 말하기

- 약국 **ร้านขายยา** 란 카이 야

- 주사실 **ห้องฉีดยา** 헝 칫 야

유용한 표현

▼ 몸이 불편합니다.
마이 싸바이

ไม่สบาย

▼ 근처에 병원이 있습니까?
태우 니 미 롱 파야반 마이

แถวนี้มีโรงพยาบาลไหม

▼ 의사를 불러주시겠습니까?
추어이 리약 머 하이 너이

ช่วยเรียกหมอให้หน่อย

▼ 병원으로 데려가 주십시오.
추어이 파 폼/디찬 빠이 롱 파야반 너이

ช่วยพาผม/ดิฉันไปโรงพยาบาลหน่อย

▶ 여기 위에 환자 이름과 나이를 적어주세요.
추어이 키얀 츠 래 아유 컹 푸 뿌어이 와이 캉 본 니

ช่วยเขียนชื่อและอายุของ
ผู้ป่วยไว้ข้างบนนี้

▼ 어지럽습니다.
믄 후어
มึนหัว

▼ 식욕이 없습니다.
브어 아한
เบื่ออาหาร

▼ 감기에 걸린 것 같습니다.
루쓱 뻰 왓
รู้สึกเป็นหวัด

▼ 처방전을 써 주십시오.
키얀 바이 쌍 야 하이 너이
เขียนใบสั่งยาให้หน่อย

긴급

분실
도난

질병

활용
어휘

▶ 하루 세 번, 식사 후에 드세요.
낀 완 라 쌈 므 랑 아한
กินวันละ 3 มื้อ หลังอาหาร

도움이 되는 **활용어휘**

- 분실 **ของหาย** 컹 하이
- 도난 **การถูกขโมย** 깐 툭 카모이
- 강도 **โจรปล้น** 쫀 쁠론
- 소매치기 **นักล้วง** 낙 루엉
- 사고 **อุบัติเหตุ** 우밧띠헷
- 경찰서 **สถานีตำรวจ** 싸타니 땀루엇
- 파출소 **ป้อมตำรวจ** 뻠 땀루엇
- 경찰관 **ตำรวจ** 땀루엇
- 한국대사관 **สถานทูตเกาหลี** 싸탄 툿 까올리
- 발생장소 **สถานที่เกิดขึ้น** 싸탄 티 끋 큰
- 연락처 **เบอร์ติดต่อ** 버 띳 떠
- 분실증명서 **ใบแจ้งหาย** 바이 쨍 하이
- 도난증명서 **ใบแจ้งถูกขโมย** 바이 쨍 툭 카모이

분실/도난

- 사고증명서 **ใบแจ้งการประสบอุบัติเหตุ**
  바이 짱 깐 쁘라쏩 우밧띠헷
- 재발행하다 **ออกใหม่** 억 마이
- 지갑 **กระเป๋าสตางค์** 끄라빠오 싸땅
- 핸드백 **กระเป๋าถือของผู้หญิง**
  끄라빠오 트 컹 푸잉

- 여권 **หนังสือเดินทาง** 낭쓰 든탕
- 여권번호 **หมายเลขหนังสือเดินทาง**
  마이렉 낭쓰 든탕

- 신용카드 **บัตรเครดิต** 밧 크레딧
- 여행자수표 **เช็คเดินทาง** 첵 든탕
- 귀중품 **ของมีค่า** 컹 미 카
- 현금 **เงินสด** 응언 쏫
- 카메라 **กล้องถ่ายรูป** 끌렁 타이 룹

긴급

분실
도난

질병

활용
어휘

225
왕초짜 여행 태국어

· 교통사고	**อุบัติเหตุจราจร**	우밧띠헷 짜라쩐
· 구급차	**รถพยาบาล**	롯 파야반
· 경찰서	**สถานีตำรวจ**	싸타니 땀루엇
· 순찰차	**รถสายตำรวจ**	롯 싸이 땀루엇
· 진찰실	**ห้องตรวจโรค**	헝 뜨루엇 록
· 접수창구	**ช่องทะเบียน**	청 타비얀
· 병원	**โรงพยาบาล**	롱 파야반
· 의사	**แพทย์, หมอ**	팻. 머
· 간호사	**พยาบาล**	파야반
· 주사	**การฉีดยา**	깐 칫 야
· 수술	**ผ่าตัด**	파땃
· 약	**ยา**	야
· 약국	**ร้านขายยา**	란 카이 야
· 처방전	**ใบสั่งยา**	바이 쌍 야

질병

- 입원하다   **เข้าโรงพยาบาล** 카오 롱 파야반
- 퇴원하다   **ออกจากโรงพยาบาล** 억 짝 롱 파야반
- 한약   **ยาจีน** 야 찐
- 소화제   **ยาช่วยย่อย** 야 추어이 여이
- 진통제   **ยาแก้ปวด** 야 깨 뿌엇
- 감기약   **ยาแก้หวัด** 야 깨 왓
- 아스피린   **ยาแอสไพริน** 야 앳파이린
- 수면제   **ยานอนหลับ** 야 넌 랍
- 진정제   **ยาระงับประสาท** 야 라응압 쁘라쌋
- X레이   **เอ็กซเรย์** 엑쓰레
- 기브스   **เฝือก** 프억
- 알레르기   **ภูมิแพ้** 품 패
- 감기   **หวัด, ไข้หวัด** 왓, 카이 왓
- 설사   **ท้องร่วง** 텅 루엉

긴급

분실
도난

질병

활용
어휘

도움이 되는 **활용어휘**

- 기침   **ไอ** 아이
- 소화불량   **การย่อยไม่ดี** 깐 여이 마이 디
- 식중독   **อาหารเป็นพิษ** 아한 뻰 핏
- 폐렴   **ปอดอักเสบ** 뻣 악쎕
- 위염   **กระเพาะอักเสบ** 끄라퍼 악쎕
- 간염   **ตับอักเสบ** 땁 악쎕
- 요통   **โรคปวดเอว** 록 뿌엇 에우
- 두통   **อาการปวดหัว** 아깐 뿌엇 후어
- 치통   **อาการปวดฟัน** 아깐 뿌엇 퐌
- 복통   **อาการปวดท้อง** 아깐 뿌엇 텅
- 위궤양   **โรคแผลในกระเพาะอาหาร**
  록 팬 나이 끄라퍼 아한
- 발열하다   **เป็นไข้** 뻰 카이
- 변비   **อาการท้องผูก** 아깐 텅 푹

질병

관절염	**โรคข้ออักเสบ** 록 커 악쎕
호흡곤란	**การหายใจลำบาก** 깐 하이짜이 람박
빈혈	**โรคโลหิตจาง** 록 로힛 짱
메스꺼움	**คลื่นเหียน** 클른 히얀
골절	**กระดูกหัก** 끄라둑 학
수혈	**การถ่ายเลือด** 깐 타이 르엇
어지러움	**อาการมึนหัว** 아깐 믄 후어
구토	**การอาเจียน** 깐 아찌얀
화상	**แผลน้ำร้อนลวก** 팬 남 런 루억
천식	**โรคหอบหืด** 록 헙 훗
외상	**บาดแผลภายนอก** 밧 팬 파이 넉
내상	**บาดเจ็บภายใน** 밧 쩹 파이 나이
붕대	**ผ้าพันแผล** 파 판 팬

긴급

분실
도난
질병
활용
어휘

귀국

귀국할 때는 빠뜨린 짐이 없는가를 잘 확인하고 늦지 않게 공항에
도착하도록 하자. 특히 여권과 항공권을 다시 한 번 확인하자.

오버 부킹

비행기 좌석수를 초과하여 예약 받는 것을 말하며, 할인
티켓으로 성수기에 여행 중 가장 신경이 쓰이는 부분이다.
반드시 3일 전에 재확인하고 공항에 일찍 나가서 항공권을
Boarding pass탑승권으로 바꾸는 것이 최선의 선택이며
유사시 자기주장을 분명히 해야 한다.

입국 수속

검역 ▶ 입국심사 ▶ 세관

🔅 여행자 휴대품 신고 안내

- **1인당 면세범위**

  ▸ 국내 반입시, 면세점 구입품과 외국에서 구입한 물품
     총 가격이 US$600 이하인 경우
  ▸ 주류 1병 (1ℓ이하, US$400 이하)
  ▸ 담배 200개비 이내
     단, 만19세 미만의 미성년자가 반입하는 주류 및 담배는 제외
  ▸ 향수 60㎖ 이하

- **국내 반입 금지 및 제한 품목**

  ▸ 위조(가짜) 상품 등 지식재산권 침해물품
  ▸ 위조지폐 및 위, 변조된 유가증권
  ▸ 웅담, 사향, 녹용, 악어가죽, 상아 등
  ▸ 멸종 위기에 처한 야생동식물 및 관련 제품
  ▸ 총포, 도검 등 무기류
  ▸ 실탄 및 화학류
  ▸ 마약류 및 오,남용 의약품
     ※ 자세한 사항은 관세청 홈페이지 참조 www.customs.go.kr

귀국

귀국 시 우리나라 공항에서 여행자 휴대품 신고서를
모두 작성할 필요는 없고 신고할 것이 있는 사람만

🗨 자주 쓰이는 표현_1

• 여보세요. 타이항공입니까?
싸왓디 크랍/카. 깐빈 타이 차이 마이

สวัสดีครับ/ค่ะ
การบินไทยใช่ไหม

···▶ 그렇습니다.
차이

ใช่

바꿔 말하기

• 대한항공　　　　สายการบินโคเรียนแอร์
　　　　　　　　　싸이 깐빈 코리안 에

• 아시아나　　　　สายการบินเอเชียน่าแอร์ไลน์
　　　　　　　　　싸이 깐빈 에치아나 에라이

작성해서 적색라인을 따라가 신고하면 된다.

자주 쓰이는 표현_2

- 언제로 하시겠습니까?
  떵깐 완 나이

  # ต้องการวันไหน

···▶ 30일 이코노미석으로 주십시오.
떵깐 티 낭 찬 쁘라얏 나이 완 티 쌈 씹

ต้องการ
ที่นั่งชั้นประหยัดในวันที่30

바꿔 말하기

- 금요일 비즈니스석   **ที่นั่งชั้นธุรกิจในวันศุกร์**
  티 낭 찬 투라낏 나이 완 쑥

- 제일 빠른 편   **ที่นั่งที่ออกเร็วที่สุด**
  티 낭 티 억 레우 티 쑷

▼ 10월 3일 서울 행 비행기를 예약하고 싶습니다.
약 쩡 크르엉 빈 빠이 쏜 나이 완 티 쌈 뚜라콤

อยากจองเครื่องบินไปโซล
ในวันที่ 3 ตุลาคม

▶ 목요일에는 운행하지 않습니다.
완 파르핫싸버디 마이 미 버리깐 티여우 빈

วันพฤหัสบดีไม่มีบริการเที่ยวบิน

▼ 다음 비행기는 언제입니까?
크르엉 빈 람 탓 빠이 짜 억 므어라이

เครื่องบินลำถัดไปจะออกเมื่อไร

▶ 금요일에 있습니다.
억 완 쑥

ออกวันศุกร์

▼ 그러면 금요일 비즈니스석으로 주십시오.
타 양 난 커 티 낭 찬 투라깃 나이 완 쑥

ถ้าอย่างนั้นขอที่นั่งชั้นธุรกิจ
ในวันศุกร์

▼ 예약을 확인하고 싶습니다.
약 이은얀 깐 쩡

อยากยืนยันการจอง

▼ 좌석과 출발시간을 확인하고 싶습니다.
약 이은얀 티 낭 래 웰라 억 크르엉 빈

อยากยืนยันที่นั่งและเวลาออก
เครื่องบิน

▼ 창가쪽/통로쪽 좌석을 주세요.
아오 티낭 띳 나땅/티낭 림 탕든

เอาที่นั่งติดหน้าต่าง/ที่นั่งริมทางเดิน

▼ 이것을 기내로 가져갈 수 있습니까?
아오 안 니 큰 크르엉 빈 다이 마이

เอาอันนี้ขึ้นเครื่องบินได้ไหม

귀국

예약
확인

활용
어휘

▼ 어디에서 수속을 밟습니까?
첵인 티 나이

เช็คอินที่ไหน

도움이 되는 **활용어휘**

- 항공사   **สายการบิน** _{싸이 깐빈}
- 비행기   **เครื่องบิน** _{크르엉 빈}
- 예약하다   **จอง** _쩡
- 좌석   **ที่นั่ง** _{티낭}
- 일반석   **ที่นั่งชั้นประหยัด** _{티낭 찬 쁘라얏}
- 이코노미석   **ที่นั่งชั้นธุรกิจ** _{티낭 찬 투라낏}
- 일등석   **ที่นั่งชั้นหนึ่ง** _{티낭 찬 능}
- 창가석   **ที่นั่งติดหน้าต่าง** _{티낭 띳 나땅}
- 통로석   **ที่นั่งริมทางเดิน** _{티낭 림 탕든}
- 비행기가 출발하다 **ออก** _억
- 비행기 출발시간 **เวลาออกเครื่องบิน** _{웰라억 크르엉 빈}

부록

태국어 카드

도움되는 한·태어휘

승차권구입

태국어를 몰라도 이 카드를 이용하면
승차권을 구입할 수 있습니다.

▷▶ ขอตั๋วไป_____

_____행 티켓을 주십시오.

☐ สาย ___ 선   จากสถานี ___ 역에서   ไปสถานี ___ 역까지

☐ ผู้ใหญ่ ___ ใบ 어른 장   ☐ เด็ก ___ ใบ(6~11ขวบ) 아이 장(6~11세)

☐ ไปกลับ 왕복   ☐ เที่ยวเดียว 편도

☐ วันเวลา 날짜
  ① ___ น. 시간   วันที่ ___ 일   เดือน ___ 월
  ② ___ น.   วันที่ ___   เดือน ___

☐ ที่นั่งสำหรับผู้ที่สูบบุหรี่ 흡연석   ☐ ที่นั่งห้ามสูบบุหรี่ 금연석
☐ รถธรรมดา 에어컨 없는 완행열차   ☐ รถปรับอากาศ 에어컨 차
☐ รถนอน 침대차   ☐ รถทัวร์ 여행자버스   ☐ รถตู้ 미니 밴

▷▶ ขอทราบค่าโดยสาร

요금을 알려 주십시오.

จำนวนรวม (합계) : _____ บาท

▷▶ _____를 잃어버렸습니다.

☐ **หนังสือเดินทาง** 여권   **หาย**
☐ **เช็คเดินทาง** 여행자수표
☐ **กล้องถ่ายรูป** 카메라
☐ **กระเป๋าสตางค์** 지갑
☐ **บัตรเครดิต** 신용카드
☐ **กระเป๋า** 가방
☐ **ตั๋วเครื่องบิน** 항공권
☐ _____ 기타

▷▶ _____에서 도난당했습니다.

ถูกขโมยที่   ☐ **รถบัส** 버스
              ☐ **รถไฟฟ้า** 지하철
              ☐ **รถไฟ** 기차
              ☐ **สถานี** 역
              ☐ **ร้านอาหาร** 식당
              ☐ **ห้องน้ำ** 화장실
              ☐ **ถนน** 길   ☐ _____기타

분실 · 도난시

▷▶ _____에 연락해 주십시오.

ช่วยติดต่อ
- [ ] ป้อมตำรวจ · 파출소
- [ ] สถานีตำรวจ · 경찰서
- [ ] สถานทูตเกาหลี · 한국대사관
- [ ] เบอร์โทรศัพท์นี้ · 이 번호에
- [ ] ☎ : _____
  미리 연락할 곳을 적어놓자

▷▶ _____를 써 주십시오.

ช่วยกรอก
- [ ] ใบแจ้งหาย · 분실증명서
- [ ] ใบแจ้งการประสบอุบัติเหตุ · 사고증명서
- [ ] _____ · 기타

▷▶ _____를 재발행해 주십시오.

ช่วยออก
- [ ] เช็คเดินทาง · 여행자수표 · ใหม่
- [ ] หนังสือเดินทาง · 여권
- [ ] บัตรเครดิต · 신용카드
- [ ] _____ · 기타

병원에서 아래 사항에 ♥ 해서
접수처에 제시하십시오.

▷▶ **ข้อมูลส่วนตัว** 신상기록

- ☐ **ชื่อและนามสกุล** 이름 _____ (영어로)
- ☐ **อายุ** 연령 _____
- ☐ **เพศ** 성별 ☐ **ชาย** 남자 ☐ **หญิง** 여자
- ☐ **สัญชาติ** 국적 **คนเกาหลี** 한국인
- ☐ **กรุ๊ปเลือด** 혈액형 _____
- ☐ **หมายเลขสัญญาประกัน** _____
  보험증서번호
- ☐ **บริษัทประกัน** 가입 보험회사 _____

▷▶ _____ 가 아픕니다.

ปวด	☐ **หัว** 머리	☐ **ท้อง** 배
	☐ **ฟัน** 이빨	☐ **เท้า** 발

▷▶ _____ 증상이 있습니다.

มีอาการ	☐ **มึนหัว** 어지러움	☐ **บวม** 붓기
	☐ **คลื่นไส้** 메스꺼움, 멀미	☐ _____ 기타

아플 때

▷▶ **เมื่อเร็วๆ นี้คุณเคยผ่านการผ่าตัดไหม**
최근에 수술을 받은 적이 있습니까?

☐ **เคย** 네   ☐ **ไม่เคย** 아니오

▷▶ _____부터 몸이 좋지 않습니다.

ไม่สบายตั้งแต่

☐ **เช้านี้**   오늘 아침
☐ **เมื่อวาน**   어제
☐ **เมื่อวานซืนนี้**   그저께
☐ **เมื่อ 3 วันที่แล้ว** 3일 전
☐ _____

▷▶ **เดินทางต่อได้ไหม** 여행을 계속해도 좋습니까?

☐ **ได้** 네   ☐ **ไม่ได้** 아니오

▷▶ **ช่วยเขียนใบตรวจสุขภาพหรือ**
ใบเสร็จด้วยเพื่อเรียกร้องค่าประกัน
보험금 청구를 위하여 진단서, 혹은 영수증 작성을
부탁드립니다.

처방

▷▶ _____ 다시 오십시오.

☐ พรุ่งนี้	내일	**เชิญมาอีกครั้งหน่อย**
☐ 3 วันหน้า	3일 후	
☐ _____		

▷▶ 약 _____ 일간 안정을 취해 주십시오.

พักผ่อนให้เพียงพอประมาณ

☐ หนึ่งวัน	하루동안
☐ 3 วัน	3일간
☐ 1 อาทิตย์	일주일간
☐ _____	

▷▶ 약을 _____ 복용하십시오.

กินยา

☐ หลังอาหาร	식 후
☐ ก่อนอาหาร	식 전
☐ วันละ 3 มื้อ	하루에 3번
☐ วันละ __ มื้อ	하루에__번

도움되는
한태어휘

가지	**มะเขือยาว**	
		มา เคือ ยาว
간단한	**ง่าย**	
		ง่าย
간부	**ผู้บริหารระดับสูง**	
		พู บริหาร ราดับ สูง
간식	**อาหารว่าง**	อาหาร ว่าง
간장	**ซีอิ๊ว**	ซี อิ๊ว
간절한	**จริงใจ**	จริง ใจ
간호사	**พยาบาล**	พยาบาล
감각	**ความรู้สึก**	ความ รู้สึก
감격하다	**ประทับใจ**	
		ประทับ ใจ
감기	**หวัด, ไข้หวัด**	
		หวัด, ไข้ หวัด
감동하다	**ประทับใจ**	
		ประทับ ใจ
감자	**มันฝรั่ง**	มัน ฝรั่ง
갑자기	**อย่างกะทันหัน**	
		อย่าง กะทันหัน
값	**คุณค่า**	คุณ ค่า
강	**แม่น้ำ**	แม่ น้ำ

강대하다	**มีอำนาจ**	มี อำนาจ
강도	**โจรปล้น**	โจร ปล้น
같다	**เหมือนกัน**	เมือน กัน
개	**หมา**	มา
개회	**เปิดงาน**	เปิด งาน
객실	**ห้องพักโรงแรม**	
		ห้อง พัก โรงแรม
거스름돈	**เงินทอน**	เงิน ทอน
거울	**กระจกเงา**	
		กระจก เงา
거절하다	**ไม่ยอมรับ**	
		ไม่ ยอม รับ
거행하다	**จัด**	จัด
걱정하다	**กังวล**	กังวล
건배	**ชนแก้ว**	ชน แก้ว
건설	**การก่อสร้าง**	
		การ ก่อ สร้าง
건조하다	**แห้ง**	แห้ง
건축물	**สิ่งก่อสร้าง**	สิ่ง ก่อ สร้าง
걷다	**เดิน**	เดิน

247
왕초짜 여행 태국어

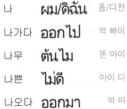

나이	**อายุ**	아유
날씨	**อากาศ**	아깟
날씬한	**ผอม**	펌
날짜	**วันเวลา**	완 웰라
남동생	**น้องชาย**	넝 차이
남자	**ผู้ชาย**	푸 차이
남쪽	**ทิศใต้**	팃 따이
남편	**สามี**	싸미
낮은	**ต่ำ**	땀
내과	**แผนกอายุรกรรม**	파넥 아유라깜
내년	**ปีหน้า**	삐 나
내일	**พรุ่งนี้**	프룽 니
너	**คุณ**	쿤
너희들	**พวกคุณ**	푸억 쿤
넓은	**กว้าง**	꽝
넘어지다	**ล้มลง**	롬 롱
넥타이	**เนคไท**	넥타이

노동	**แรงงาน**	랭 응안
노란색	**สีเหลือง**	씨 르엉
노래하다	**ร้องแพลง**	렁 플랭
노려보다	**จ้องมอง**	쩡 멍
노력하다	**พยายาม**	파야얌
노점	**ร้านริมถนน**	란 림 타논
녹색	**สีเขียว**	씨 키여우
놀다	**เล่น**	렌
농구	**บาสเกตบอล**	밧껫번
농부	**ชาวนาชาวไร่**	차우 나 차우 라이
높은	**สูง**	쑹
누구	**ใคร**	크라이
누나	**พี่สาว**	피 싸우
눈	**หิมะ**	히마
눈얼굴	**ตา**	따
눕다	**นอน**	넌

느끼다	**รู้สึก**	루쓱
느낌	**ความรู้สึก**	캄 루쓱
느린	**ช้า**	차
늙은	**แก่**	깨

ㄷ

다리	**สะพาน**	싸판
다리₂	**ขา**	카
다시	**อีก**	익
다치다	**บาดเจ็บ**	밧 쩹
단지	**เพียงแต่**	피양 때
단지주택	**หมู่บ้าน**	무 반
닫다	**ปิด**	삔
달	**พระจันทร์**	프라 짠
달다	**หวาน**	완
달러	**เงินดอลลาร์**	응언 던라
달리다	**วิ่ง**	윙

닭	**ไก่**	까이
담배	**บุหรี่**	부리
담배피다	**สูบบุหรี่**	쑵 부리
당신	**คุณ**	쿤
당연하다	**แน่นอน**	내넌
대개	**ส่วนใหญ่**	쑤언 야이
대단히	**อย่างมาก**	양 막
대답하다	**ตอบ**	떱
대략	**ประมาณ**	쁘라만
대사관	**สถานทูต**	싸탄 툿
대통령	**ประธานาธิบดี**	쁘라타나팁버디
대학	**มหาวิทยาลัย**	마하위타얄라이
더러운	**สกปรก**	쏙까쁘록
더욱	**ยิ่ง**	잉
더운	**ร้อน**	런
도둑	**ขโมย**	카모이

초보여행자도 한번에 찾는다

매일	ทุกวัน	툭 완
매표인	คนขายตั๋ว	콘 카이 뚜어
맥박	ชีพจร	칩파쩐
맥주	เบียร์	비아
맵다	เผ็ด	펫
머리	หัว	후어
머리카락	เส้นผม	쎈 폼
머무르다	พัก	팍
먹다	กิน, ทาน	낀, 탄
멀다	ไกล	끌라이
메뉴판	เมนู	메누
며느리	ลูกสะใภ้	룩 싸파이
면	เส้น	쎈
면옷감	ผ้าฝ้าย	파 퐈이
모래	ทราย	싸이
모레	มะรืนนี้	마른 니
모르다	ไม่ทราบ	마이 쌉

모양	แบบ, รูปทรง	뱁, 룹쏭
모자	หมวก	무억
모자라다	ขาด	캇
목	คอ	커
목걸이	สร้อยคอ	써이 커
목요일	วันพฤหัสบดี	완 파르핫싸버디
목욕하다	อาบน้ำ	압 남
목적지	จุดหมายปลายทาง	쭛 마이 쁠라이 탕
몸	ร่างกาย	랑 까이
못생긴	ไม่สวย, ไม่หล่อ	마이 쑤어이, 마이 러
무거운	หนัก	낙
무엇	อะไร	아라이
무역회사	บริษัทการค้าระหว่างประเทศ	버리쌋 깐 카 라왕 쁘라텟
문	ประตู	쁘라뚜
문장	ประโยค	쁘라욕

발생하다	**เกิดขึ้น**	끋 큰
발음	**การออกเสียง**	깐 억 씨양
밝은	**สว่าง**	싸왕
밥	**ข้าว**	카우
방	**ห้อง**	헝
방금	**เพิ่ง**	픙
방문하다	**ไปเยี่ยม**	빠이 이얌
방학하다	**ปิดเทอม**	삣 텀
배 과일	**สาลี่**	싸리
배 몸	**ท้อง**	텅
배 선박	**เรือ**	르어
배고픈	**หิว**	히우
배구	**วอลเลย์บอล**	원레번
배드민턴	**แบดมินตัน**	뱃민딴
배부른	**อิ่ม**	임
배우	**นักแสดง**	낙 싸댕
배우다	**เรียน**	리얀

백 100	**ร้อย**	러이
백화점	**ห้างสรรพสินค้า**	항 쌉파씬카
버스	**รถเมล์, รถบัส**	롯 메, 롯 밧
버스정류장	**ป้ายรถเมล์**	빠이 롯 메
버터	**เนย**	너이
번거롭다	**ลำบาก**	람박
번화가	**ย่านที่คึกคัก**	얀 티 큭칵
벌써	**ก่อนแล้ว**	껀 래우
법	**กฎหมาย**	꼿 마이
벗다	**ถอด**	텃
변호사	**ทนายความ**	타나이 쾀
변화	**การเปลี่ยนแปลง**	깐 쁠리얀 쁠랭
병원	**โรงพยาบาล**	롱 파야반
보관하다	**เก็บ**	껩
보너스	**โบนัส**	보낫

비상문	ประตูฉุกเฉิน	쁘라뚜 축츤
비서	เลขานุการ	레카누깐
비슷한	คล้ายกัน	클라이 깐
비싼	แพง	팽
비용	ค่าใช้จ่าย	카차이 짜이
비자	วีซ่า	위싸
비행기	เครื่องบิน	크르엉 빈
빌리다	ให้ยืม	하이 이음
빛	แสง	쌩
빠른	เร็ว	레우
빨강색	สีแดง	씨 댕
빨리	รวดเร็ว	루엇 레우
빵	ขนมปัง	카놈 빵

ㅅ

| 사거리 | สี่แยก | 씨 액 |
| 사과 | แอปเปิ้ล | 앱쁜 |

사다	ซื้อ	쓰
사랑하다	รัก	락
사무실	ที่ทำงาน	티 탐 응안
사실	ข้อเท็จจริง	커 텟 찡
사업	ธุรกิจ	투라낏
사용하다	ใช้	차이
사위	ลูกเขย	룩 커이
사이다	สไปรท์	싸쁘라잇
사자	สิงโต	씽 또
사전	พจนานุกรม	폿짜나누끄롬
사진	ภาพถ่าย	팝 타이
사촌	ลูกพี่ลูกน้อง	룩 피 룩 넝
사회	สังคม	쌍콤
산	ภูเขา	푸 카오
살다	อาศัยอยู่	아싸이 유
삶다	ต้ม	똠

상인	**คนขายของ**	
		콘 카이 컹
상점	**ร้าน**	란
새로운	**อันใหม่**	안 마이
새우	**กุ้ง**	꿍
색깔	**สี**	씨
샌드위치	**แซนด์วิช**	쌘윗
생각하다	**คิด**	킷
생산하다	**ผลิต**	팔릿
생일	**วันเกิด**	완 끋
생활	**การดำรงชีวิต**	
		깐 담롱 치윗
서비스	**บริการ**	버리깐
서비스요금	**ค่าบริการ**	카 버리깐
서울	**(กรุง)โซล**	(끄룽)쏜
서점	**ร้านหนังสือ**	란 낭쓰
서쪽	**ทิศตะวันตก**	
		팃 따완 똑
선물	**ของขวัญ**	컹콴

선생,교사	**ครู**	크루
선생님	**คุณครู**	쿤 크루
선택하다	**เลือก**	르억
설명하다	**อธิบาย**	아티바이
설탕	**น้ำตาล**	남딴
성격	**นิสัย**	니싸이
성공하다	**สำเร็จ**	쌈렛
성의	**ความจริงใจและเต็มใจ**	
		쾀 찡 짜이 래 뗌 짜이
성장하다	**เติบโต, เจริญ**	
		뜹 또, 짜른
세계	**โลก**	록
센티미터	**เซนติเมตร**	쎈띠멧
소	**วัว**	우어
소개하다	**แนะนำ**	내남
소금	**เกลือ**	끌르어
소설	**นวนิยาย**	나와 니야이
소시지	**ใส่กรอก**	싸이 끄럭

소식	ข่าว	카우
소포	ไปรษณียภัณฑ์	쁘라이싸니판
손가락	นิ้วมือ	니우 므
손가방	กระเป๋าถือ	끄라빠오 트
손녀	หลานสาว	란 싸우
손님	แขก	캑
손자	หลานชาย	란 차이
손해	ความเสียหาย	쾀 씨야 하이
수박	แตงโม	땡모
수영	การว่ายน้ำ	깐 와이 남
수요일	วันพุธ	완 풋
숙소	ที่พัก	티 팍
숙제	การบ้าน	깐 반
숟가락	ช้อน	천
술	เหล้า	라오
쉬다	พัก	팍

쉬운	ง่าย	응아이
슈퍼마켓	ซุปเปอร์มาร์เก็ต	쑵뻐마껫
스카프	ผ้าพันคอ	파 판 커
스케이트	สเกต	싸껫
스키	สกี	싸끼
스튜어디스	แอร์โฮสเตส	에 홋뗏
승객	ผู้โดยสาร	푸 도이싼
시	โมง	몽
시간	เวลา	웰라
시원한	เย็น	옌
시장	ตลาด	딸랏
시합	การแข่งขัน	깐 캥 칸
시험	การสอบ	깐 썹
식당	ร้านอาหาร	란 아한
식물원	สวนพฤกษา	쑤언 프륵싸
식초	น้ำส้ม	남 쏨

259
왕초짜 여행 태국어

신고	การแจ้ง	깐 쨍
신문	หนังสือพิมพ์	낭쓰 핌
신발	ร้องเท้า	렁 타오
신용카드	บัตรเครดิต	밧 크레딧
신청	การสมัคร	깐 싸막
신호등	ไฟสัญญาณ	퐈이 싼얀
싸다	ถูก	툭
쌀밥	ข้าวสวย	카우 쑤어이
쓰다 글씨	เขียน	키얀
쓰다 모자	ใส่	싸이
쓴맛	ขม	콤
씻다	ล้าง	랑

아가씨	สาว	싸우
아내	ภรรยา	판야, 판라야
아들	ลูกชาย	룩 차이

아래쪽	ข้างล่าง	캉랑
아름다운	สวยงาม	쑤어이 응암
아버지	คุณพ่อ	쿤 퍼
아쉽다	เสียดาย	씨야 다이
아이	เด็ก	덱
아직	ยัง	양
아침	เช้า	차오
아침밥	ข้าวเช้า	카우 차오
아프다	เจ็บ, ปวด, ป่วย	쩹, 뿌엇, 뿌어이
악수하다	จับมือ	짭 므
안심하다	วางใจ	왕 짜이
안에	ใน	나이
안쪽	ข้างใน	캉 나이
앉다	นั่ง	낭
알다	ทราบ, รู้	쌉, 루
알려주다	แจ้งให้ทราบ	쨍 하이 쌉
앞쪽	ข้างหน้า	캉 나

애인	**แฟน**	แฟน
야구	**เบสบอล**	เบสบอล
야채	**ผัก**	ผัก
약국	**ร้านขายยา**	ร้านขายยา
약속하다	**สัญญา**	สันยา
양	**แกะ**	แกะ
양복	**ชุดสากล, สูท**	ชุดสากล, สูท
양식	**อาหารฝรั่ง**	อาหารฝรั่ง
양파	**หัวหอม**	หัวหอม
얕은	**ตื้น**	ตื้น
어떻게	**อย่างไร**	อย่างไร
어려운	**ยาก**	ยาก
어머니	**คุณแม่**	คุณแม่
어제	**เมื่อวานนี้**	เมื่อวานนี้
언니	**พี่สาว**	พี่สาว
얼굴	**หน้า**	หน้า
얼마	**เท่าไหร่**	เท่าไหร่

얼음	**น้ำแข็ง**	น้ำแข็ง
없다	**ไม่มี**	ไม่มี
여자	**ผู้หญิง**	ผู้หญิง
여권	**หนังสือเดินทาง**	หนังสือเดินทาง
여기	**ที่นี่**	ที่นี่
여동생	**น้องสาว**	น้องสาว
여름	**ฤดูร้อน**	ฤดูร้อน
역사	**ประวัติศาสตร์**	ประวัติศาสตร์
연구	**การวิจัย**	การวิจัย
연습	**การฝึก**	การฝึก
열쇠	**กุญแจ**	กุญแจ
열이나다	**เป็นไข้**	เป็นไข้
영어	**ภาษาอังกฤษ**	ภาษาอังกฤษ
영화	**หนัง**	หนัง
옆	**ด้านข้าง**	ด้านข้าง
예습하다	**เตรียมตัวเรียน**	เตรียมตัวเรียน

승차권
구입

분실
도난시

아플 때

처방

도움되는
한·태어휘

부록

예약하다	จอง	จอง
예의	มารยาท	มะระยาต
예의 없다	ไม่มีมารยาท	มัย มี มะระยาต
오늘	วันนี้	วันนี้
오다	มา	มา
오래된	ยาวนาน	ยาว นาน
오랫동안	เป็นเวลานาน	เป็น เวลา นาน
오르다	ขึ้น	คึ้น
오른쪽	ทางขวา	ทาง ควา
오빠	พี่ชาย	พี่ ชาย
오전	ก่อนเที่ยง	ก่อน เที่ยง
오후	หลังเที่ยง	หลัง เที่ยง
온도	อุณหภูมิ	อุนหะพูม
옷	เสื้อ	เสื้อ
와이셔츠	เสื้อเชิ้ต	เสื้อ เชิ้ต
완구점	ร้านขายของเด็กเล่น	ร้าน คาย คอง เด็ก เล่น

외과	ศัลยกรรมทั่วไป	ซันยะกัม ทั่ว ไป
외국어	ภาษาต่างประเทศ	พาซา ต่าง ประเทด
외국인	คนต่างชาติ	คน ต่าง ชาต
왼쪽	ทางซ้าย	ทาง ซ้าย
욕실	ห้องอาบน้ำ	ห้อง อาบ น้ำ
용서하다	ให้อภัย	ฮาย อะพัย
우리	เรา	เรา
우산	ร่ม	ร่ม
우선	ก่อนอื่น	ก่อน อื่น
우유	นม	นม
우정	มิตรภาพ	มิตระพาบ
운동하다	ออกกำลังกาย	ออก กำลัง กาย
운전기사	คนขับรถ	คน คับ รด
울다	ร้องไห้	ร้อง ฮาย
웃다	ยิ้ม, หัวเราะ	ยิ้ม, หัว เราะ

원숭이	**ลิง**	링
월요일	**วันจันทร์**	완 짠
위쪽	**ข้างบน**	캉 본
유리	**กระจก**	끄라쪽
유명한	**มีชื่อเสียง**	미 츠 씨양
은	**เงิน**	응언
은행	**ธนาคาร**	타나칸
음식	**อาหาร**	아한
음악	**ดนตรี**	돈뜨리
의사	**แพทย์, หมอ**	팻, 머
의자	**เก้าอี้**	까오이
이것	**อันนี้**	안 니
이륙하다	**ขึ้น**	큰
이름	**ชื่อ**	츠
이모	**ป้า, น้า**	빠, 나
이모부	**น้าเขย**	나 커이
이상한	**แปลก**	쁠랙

이유	**เหตุผล**	헷 폰
이해하다	**เข้าใจ**	카오 짜이
인도	**ทางเดิน**	탕 든
타이밧	**บาทไทย**	밧 타이
일	**งาน**	응안
일본	**ญี่ปุ่น**	이쁜
일본어	**ภาษาญี่ปุ่น**	파싸이쁜
일어나다	**ตื่น**	뜬
일요일	**วันอาทิตย์**	완 아팃
잃어버리다	**หาย**	하이
입	**ปาก**	빡
입다	**ใส่**	싸이
입장권	**บัตรผ่านเข้า**	밧 판 카오
있다	**มี**	미
있다	**ไม่มี**	마이 미
잊다	**ลืม**	름

승차권
구입

분실
도난시

아플 때

처방

도움되는
한태어휘

부록

제일	ที่หนึ่ง, ที่สุด	티 능, 티 숫
조금	เล็กน้อย	렉 너이
조심하다	ระวัง	라왕
졸업하다	เรียนจบ	리얀 쫍
좁은	แคบ	캡
종업원	พนักงาน	파낙응안
종이	กระดาษ	끄라닷
좋아하다	ชอบ	첩
좋은	ดี	디
주고받다	แลกเปลี่ยน	랙 쁠리얀
주문하다	สั่ง	쌍
주사	การฉีดยา	깐 칫 야
주요	หลัก	락
주의하다	ระวัง	라왕
주인	เจ้าของ	짜오 컹
주장하다	ยืนยัน	이은얀
죽다	ตาย	따이

준비하다	เตรียม	뜨리얌
중간	กลาง	끌랑
중국	จีน	찐
중국어	ภาษาจีน	파싸 찐
중국요리	อาหารจีน	아한 찐
중요한	สำคัญ	쌈칸
즐거운	สนุกสนาน	싸눅 싸난
지각하다	มาสาย, ไปสาย	마 싸이, 빠이 싸이
지구	โลก	록
지나다	ผ่าน	판
지도	แผนที่	팬 티
지불하다	จ่าย, ชำระ	짜이, 참라
지폐	ธนบัตร	타나밧
지하철	รถไฟใต้ดิน	롯 퐈이 따이 딘
직업	อาชีพ	아칩
직원	พนักงาน	파낙응안

승차권 구입

분실 도난시

아플 때

처방

도움되는 한·태어휘

부록

진지한	**จริงจัง**	จริง จัง
짐	**สัมภาระ**	ซัม พา ระ
집	**บ้าน**	บ้าน
집단	**กลุ่ม**	กลุ่ม
짠	**ชนแก้ว**	ชน แก้ว
짧은	**สั้น**	สั้น
~쪽	**ทาง**	ทาง
찌다	**ตุ๋น**	ตุ๋น

차	**ชา**	ชา
차	**รถยนต์**	รถ ยน
차멀미	**อาการเมารถ**	อา กัน เมา รถ
차비	**ค่ารถ**	ค่า รถ
착륙하다	**ลง**	ลง
참가하다	**เข้าร่วม**	เข้า ร่วม
참치	**ทูน่า**	ทู น่า

창가석	**ที่นั่งติดหน้าต่าง**	ที นั่ง ติด หน้า ต่าง
찾다	**หา**	หา
책	**หนังสือ**	นัง ซือ
처리하다	**จัดการ**	จัด กัน
처음에	**ตอนแรก**	ตอน แรก
천1000	**พัน**	พัน
첨가하다	**เพิ่ม**	เพิ่ม
체온	**อุณหภูมิร่างกาย**	อุน หะพูม ร่าง ไก
초청하다	**เชิญ**	เชิน
촬영하다	**ถ่ายรูป**	ไถ่ รูบ
축구	**ฟุตบอล**	ฟุต บอน
축하하다	**ฉลอง**	ฉะ ลอง
출구	**ทางออก**	ทาง ออก
출근하다	**ไปทำงาน**	ไป ทำ งาน
출발하다	**ออกเดินทาง**	ออก เดิน ทาง
춤추다	**เต้น**	เต้น

초보여행자도 한번에 찾는다

춥다	หนาว	나우
충분한	พอ	퍼
취미	งานอดิเรก	응안 아디렉
취소하다	ยกเลิก	욕륵
취하다	เมา	마오
측정하다	วัด	왓
치과	คลินิกทันตกรรม	클리닉 탄따깜
치마	กระโปรง	끄라쁘롱
치약	ยาสีฟัน	야 씨 판
치통	อาการปวดฟัน	아깐 뿌엇 판
친구	เพื่อน	프언
친절한	ใจดี	짜이 디
친척	ญาติ	얏
침대	เตียง	띠양
칫솔	แปรงสีฟัน	쁘랭 씨 판

ㅋ

카메라	กล้องถ่ายรูป	끌렁 타이 룹
칼	มีด	밋
커피	กาแฟ	까페
커피숍	ร้านกาแฟ	란 까페
컴퓨터	คอมพิวเตอร์	컴피우떠
컵	แก้ว	깨우
케익	ขนมเค้ก	카놈 켁
코	จมูก	짜묵
코끼리	ช้าง	창
콜라	โค้ก	콕
콩	ถั่ว	투어
큰	ใหญ่	야이
키	ความสูง	쾀 쑹
킬로그램	กิโลกรัม	끼로끄람
킬로미터	กิโลเมตร	끼로멧

승차권 구입
분실 도난시
아플 때
처방
도움되는 한·태어휘
부록

267
왕초짜 여행 태국어

필요없다	**ไม่ต้องการ**		할수있다	**ทำได้**	탐 다이
	마이 떵깐		함께	**ด้วยกัน, พร้อมกัน**
필요하다	**ต้องการ**	떵깐		두어이 깐, 프럼 깐
필통	**กล่องดินสอ**		항상	**เสมอ**	싸머
	끌렁 딘써		해산물	**อาหารทะเล**
				아한 탈레

ㅎ

하늘	**ฟ้า**	퐈	행동하다	**กระทำ**	끄라탐
하다	**ทำ**	탐	행복	**ความสุข**	쾀 쑥
하루종일	**ทั้งวัน**	탕 완	행인	**คนเดินทาง**	콘 든 탕
학교 초.중.고	**โรงเรียน**	롱 리얀	향기로운	**หอม**	험
학생 초.중.고	**นักเรียน**	낙 리얀	향수	**น้ำหอม**	남 험
학생 대학생	**นักศึกษา**	낙 쓱싸	허리	**เอว**	에우
한가하다	**ว่าง**	왕	헤어지다	**จากกัน**	짝 난
한국	**เกาหลี**	까올리	현상하다	**ล้างรูป**	랑 룹
한국사람	**คนเกาหลี**	콘 까올리	현재	**ปัจจุบันนี้**	빳쭈반 니
한국어	**ภาษาเกาหลี**		혈압	**ความดันโลหิต**
	파싸 까올리			쾀 단 로힛
한자	**อักษรจีน**	악썬 찐	혈액형	**กรุ๊ปเลือด**	끄룹 르엇
			형	**พี่ชาย**	피 차이

호랑이	**เสือ**	쓰어
호박	**ฟักทอง**	팍텅
호수	**ทะเลสาบ**	탈레 쌉
호텔	**โรงแรม**	롱램
혼자	**คนเดียว**	콘 디여우
홍차	**ชาดำ**	차 담
화가	**นักเขียนภาพ**	낙 키얀 팝
화면	**ภาพ**	팝
화요일	**วันอังคาร**	완 앙칸
화장실	**ห้องน้ำ**	헝 남
화장품	**เครื่องสำอาง**	크르엉 쌈앙
확인	**การยืนยัน**	깐 이은얀
환전	**การแลกเงิน**	깐 랙 응언
회사	**บริษัท**	버리쌋
회의	**ประชุม**	쁘라춤
후추	**พริกไทย**	프릭 타이

후회하다	**ท้อแท้**	터 태
훔치다	**ขโมย**	카모이
휴대전화	**โทรศัพท์มือถือ**	토라쌉 므트
휴식	**การหยุดพักชั่วคราว**	깐 윳 팍 추어 크라우
휴지	**กระดาษชำระ**	끄라닷 참라
흐리다(날씨)	**มืดครึ้ม**	뭇 크름
흑백	**สีดำ**	씨 담
흡연	**การสูบบุหรี่**	깐 쑵 부리
흰색	**สีขาว**	씨 카우

초보여행자도 한번에 찾는다

동인랑
왕초짜 여행시리즈

국반판 | 6,500원

★ 처음 해외 여행을 떠나는 분들을 위한 왕초짜 여행회화

★ 해외 여행시 꼭 필요한 문장들만 수록 우리말 발음이 있어 편리!

★ 상황에 따라 쉽게 골라쓰는 여행회화

★ 도움되는 활용어휘, 한국어 · 외국어 단어장

저자 백지영
발행일 2023년 8월 15일
Editorial Director 김혜경
Printing 삼덕정판사

발행인 김인숙
편집 · Designer 김소아

발행처 *(주)*동인랑
Illustrator/Cartoon 김소아

서울시 노원구 공릉동 653-5
대표전화 02-967-0700
ⓒ2023, Donginrang Co.,Ltd.
ISBN 978-89-7582-608-5

팩시밀리 02-967-1555

출판등록 제 6-0406호

 인터넷의 세계로 오세요!

www.donginrang.co.kr
webmaster@donginrang.co.kr

*(주)*동인랑에서는 참신한 외국어 원고를 모집합니다.

잘못된 책은 교환해 드립니다.